社会主义核心价值体系建设
"双百"出版工程

项 目

/ 100 位

新中国成立以来感动中国人物/

邱 娥 国

南 翔 郑云云 严丽霞／著

★

吉林文史出版社

前 言

　　每个人的心中都多少有一点英雄情结，都向往英雄、景仰英雄。也正因此，在中华人民共和国建国六十周年之际，由中央十一部委联合组织开展的"100位为新中国成立作出突出贡献的英雄模范人物和100位新中国成立以来感动中国人物"的评选活动中，群众参与投票总数近一亿。这其中的每一张选票，都表达了人们对英雄模范的崇敬之情，寄托着对伟大祖国的美好祝福。

　　一个民族不能没有英雄，否则这个民族就不会强大。当国家危难之时，懦弱者选择了逃避、妥协甚至投降，英雄们却挺身而出，用热血捍卫民族的尊严，人民的幸福。在创立和建设新中国的伟大历程中，涌现出无数可歌可泣的英雄模范人物。他们之中，有为了民族独立和人民解放而英勇牺牲的革命先烈，有为了党和人民的事业而不懈奋斗的优秀共产党员，有在全民族抗战中顽强奋战、为国捐躯的爱国将士，有英勇杀敌的战斗英雄和革命群众，有积极从事进步活动的著名民主爱国人士和国际友人……他们是民族的脊梁、祖国的骄傲，是激励全体人民团结奋斗的精神力量。

　　《100位新中国成立以来感动中国人物》丛书，就像一部星光璀璨的英雄谱，真实、完整地记录了英雄模范人物不平凡的一生，再现了他们非凡的人格魅力和精神世界。舍身堵枪眼的黄继光，拼命也要拿下大油田的王进喜，中国原子弹之父邓稼先，新时期领导干部的楷模孔繁森……一串串闪光的名字，一个个动人的故事，犹如群星闪烁，光耀中华。

　　当今中国正处于伟大变革的时代，迫切需要涌现出一大批勇于承担历史使命、为祖国和人民奉献一切的先进人物。在"双百"人物崇高精神的引领下，在建设社会主义现代化国家的征程中，必将英雄辈出。

生平简介

　　邱娥国,男,汉族,江西省进贤县人,中共党员。1946年出生,南昌市公安局西湖分局原副政委兼筷子巷派出所教导员。

　　在27年的基层民警生涯中,邱娥国走过的大街小巷超过12万公里,相当于绕地球三圈,做到了"串百家门,认百家人,知百家情,办百家事"。在长期的工作实践中,他摸索出了"一图、二本、三诀、四勤、五心"的工作方法。"一图",即辖区平面图;"二本",即各项工作记录本、警民联系本;"三诀",即各种工作方法口诀;"四勤",即勤走、勤问、勤记、勤思考;"五心",即工作要有责任心、处理问题要公心、金钱面前不动心、百姓平安记在心、为民服务要真心。为此,邱娥国赢得了获得信息最多、提供线索最多、破获案件最多的"三多"民警称号。邱娥国心系辖区群众生活,他有一本孤寡老人帮扶记录簿,上面详细记录着辖区每位老人的基本情况。他还先后奉养了11位孤寡老人,为9位老人送终。辖区一居民去世后,邱娥国不仅帮助其办理后事,而且把他两个年幼的女儿接回家照顾,帮助她们完成了大学学业。他是中共十五大代表、第十届全国人大代表,被授予全国优秀共产党员、全国劳动模范、全国先进工作者、全国公安系统一级英雄模范等荣誉称号,被评为全国道德模范。

1946-

[QIUEGUO]

◄邱城国

目 录 MULU

"群众的贴心人"（代序）

那还是 16 年前——1996 年的冬天，一位人民警察，一个平凡的英雄的名字，在江西大地传诵。他的事迹深深叩响着四千万江西儿女的心扉。

北京，这个中国政治文化的中心，此刻也向千里之外的江西南昌，投去深情的一瞥。

由中宣部、公安部组织，《人民日报》、新华社、中央人民广播电台、中央电视台、《光明日报》、《经济日报》、《工人日报》、《中国青年报》、《法制日报》、《中国妇女报》、《人民公安报》等 11 家新闻单位派出阵容强大的新闻采访组奔赴江西南昌。

采访组迎着凛冽的寒风驱车至赣江畔的滨江宾馆，放下行装，就开始了紧张的采访工作。他们用自己的镜头、自己的笔，更用自己的心去捕捉、感受与谛听另一颗心的生命律动。在昼夜兼程、马不停蹄的采访日子里，见多识广的记者们，始终被他的事迹所感动。

在位于南昌市八一大道一侧的巍然耸立、银光闪烁的艺术剧院，这位警察的先进事迹报告会吸引了各层次、各方面的代表，江西省、南昌市的领导被他的事迹感动得眼含热泪，率先鼓掌。

这是一首感人肺腑的歌，这是一面催人奋进的旗——听过英雄先进事迹报告的广大群众低徊、思索、感喟、振奋。

学校、机关、企业以及各行各业纷纷要求英雄先进事迹报告团去巡回报告。他们感觉，这是英雄，又是普通人——普通得像大海中的一滴水，高塔中的一块砖，浓荫中的一片绿叶，蓝天里的一羽白鸽——可亲，可敬，可爱，可学。

"不受尘埃半点侵，竹篱茅舍自甘心。"这个普普通通的英雄，名叫邱娥国。

甘洒热血保平安

→ 英模出自筷子巷

★ ★ ★ ★ ★

一身警服，宽脸浓眉，1.83米的大个子，体重最高时达206斤，那是一种不难想见的威风凛凛，却有着"邱娥国"这样一个过于秀巧的名字。邱娥国所从事的职业或许也需要他的心灵有秀巧细致的一面。

他先在南昌市广外派出所，后调往与广外相邻的筷子巷派出所，任户籍外勤民警，一干就是17个春秋。而此前，这位农民的儿子，已经一身戎装，在福州军区服役了整整16年，从战士、班长、排长到连指导员，连年立功或受嘉奖。

在公安战线，他先后荣立一等功一次，二等功两次；1993年以来，连续三年被评为全省优秀人民警察；1994年被评为江西省与南昌市劳动模范，获得"五一劳动奖章"；1996年被南昌市委授予"优秀共产党员"称号，被江西省委、省政府授予"人民的好警察"称号，被公安部授予"一级英模"称号。

邱娥国原籍南昌市进贤县架桥乡。

南昌是中国革命的故乡，举世闻名的八一起义就孕育、发生在这里。

一位著名的散文作家，在观览了中国的其他省会城市之后，将秀雅、富丽、博大等形容词毫不吝啬地馈赠给它。当他来到南昌，看到巍峨的八一起义纪念碑和历史悠久的江西大旅社，以及庄严肃穆的革命烈士纪念堂时，"威猛"二字赫然地出现在他的脑海，因为它们沉积着历史的锈红与惨烈，熔铸了烈士的英魂和品格。

南昌的街衢，委实还有不大为外人所知的另一面——大都弥漫着儒雅的文化气息。须知，江西是贡献过如陶渊明、欧阳修、王安石、曾巩、黄庭坚、朱熹、晏殊、晏几道、汤显祖、宋应星等不可胜数的文化巨匠的邦邑。南昌的象山路、阳明路、文山路、叠山路……如珠串灯衔，将一批历史文化名人的足迹深深嵌在薪火相传的事业里。

无怪乎有人说，南昌每一段风雨剥蚀的旧墙，每一条青砖铺地的小街，都能散溢出几个雅致的人文故事。

然而，我们的筷子巷呢，矮屋陋巷穷街，于史无考，名不见经传。以"筷子"名巷，可见其窄迫，也表明此间居民向来就重饮食生计。

事实的确如此。筷子巷派出所所辖的近七千户、两万多人，绝大多数是低收入的体力劳动者。人世扰攘，生活艰辛，在这里更见本色。于是，脱下军装换上警服的邱娥国，一旦迈步小巷，就注定了他的前程是同时需要奉献婆婆妈妈似的耐心与难以车载斗量的血汗的人生之旅。

我们的英模邱娥国，就是在这样平凡的地方、平凡的岗位上，谱写出了无愧于这个伟大时代的壮丽诗篇。

➡ 出奇制胜破大案

★★★★★

    1994年2月2日,在丰城至南昌的105国道上,发生了一起震动江西和江苏两省的特大杀人劫货案。

    待到公安人员闻讯赶至犯罪现场时,但见凶残的歹徒已经将满满一车货物转移,异乡司机尸横道边,大货车被焚烧得面目全非——歹徒的用意一望便知,不希望留下作案的蛛丝马迹。

    大雾朦胧,余烟袅袅,犯罪现场已遭彻底破坏(事后得知,罪犯为转移视线,在劫持司机的吉普车上就把他杀害,然后将尸体移至铁道边,企图给人以车祸的假象。同时,罪犯还将铝合金转车运走,将事主的大货车拖至另一偏僻处浇油焚烧)。公安人员一腔愤怒,无处发泄,此时更觉心头沉重如磐——此案如果不及时侦破,一旦货物易手,随着时间的推移,破案的难度会更大。在省公安厅、市公安局调动重要力量"会诊"此案的同时,中央领导也被惊动了——乔石委员长在此案的报告上专门批示：尽快侦破，予犯罪分子以狠狠打击。

在南昌市公安系统统一行动的时候，邱娥国正病倒在家。

邱娥国总是忙得不可开交，用他妻子的话说，他是一个没福气歇的人。除了睡觉，他的大脑与手脚永远不会休息。可那些日子他实在太累了，他刚给一位孤老安排好一周的柴米油盐，又为一位普通教师的家庭纠纷四面调解，还要去解决一条小巷的水电不通问题……

头疼，嗓干，高烧39℃，邱娥国服药以后仍觉头重脚轻，四肢绵软。医生嘱咐他要多喝水，吃些容易消化的食物，特别要注意休息。妻子儿子都知道，他这是累的。所以家人不仅在客厅看电视把声音放到最低限度，而且连说话都比平日少了许多。

然而，病中的邱娥国还是很快知道了这起特大凶杀案。他在所里的案情通报会上，感觉到一种沉甸甸的责任意识弥漫在心头。一时间，大家都在思索，小会议室里烟雾缭绕。

妻子心疼丈夫，见他走路都不稳，打算送他去医院，于是劝他不要出去，说："所里有那么多干警，况且这是南昌市下大力要限时破的案，哪里差你一个人呢。就是要去，等过几天病好了再去也不迟呀。"

老邱摇摇头，说："人可以等病好，案子却不等人。如果此案就在我们派出所范围内出现线索，多一个人就多一份力量，多一个头脑，多一双眼睛。"他一介入案情以后，就在思索：这一批赃物是6吨6米长、价值30万元的铝合金，这样一批劫来的建材不可能吊上楼，不可能藏入地。本辖区只有三个地方可以堆放：一是南昌二十中的仓库，再是两家建材商店。

可做仓库的地方当然还包括一些闲置不用的房子。他在脑子里已经将筷子巷的管片很快滤了一遍。他对辖区的一草一木都十分熟悉，如果罪犯在筷子巷逗留了，他无疑有最敏锐的"嗅觉"。凭经验，他感觉罪犯得到赃物以后，很快会出手或转移。排查，宜早不宜迟！

果然，罪犯的赃物就原模原样地堆放在南昌二十中一间蛛网尘封的仓库里。他推门而入，一堆铝合金赫然在目，其型号、规格、颜色与通报中的赃物十分相似。于是他叫醒仓库值班人员，拿着公安部门的通报与眼前的实物认真对比，即刻确认，这正是使江苏司机屈死道途的赃物！

他一边将情况迅速向专案组报告，一边寻找购买这批货物的老板。老板露面以后，公安人员在他身上找到了罪犯留下的字条。

专案组最初的思路——以物寻人，缘人破案，在老邱这里得到了预期的效果。老邱从出门到发现赃物，不过几个小时！

三个利令智昏的谋财害命者相继落入法网。

邱娥国荣立二等功。

有人觉得老邱此功得之太易。

老邱自己也开玩笑说，捡了一个二等功。

《九一八大案》的生活原型及其扮演者、公安部宣传局负责人武和平莅临南昌，对邱娥国神速破大案很有感慨，他说："老邱兵不血刃破大案，看似偶然，其实是十几年磨一剑！"此话甚是，如果老邱不是对自己的辖区情况熟稔得如数家珍，破此案焉能"一剑封喉"、出奇制胜！

"簿中有图"，是邱娥国在警察岗位上总结出来的经验。当时，他负责的地段包括 5 个居委会、7 条街巷，2000 多户、6000 多人口。他驱动双腿，拿着户口本，在辖区一户一户、一片一片地摸情况。在福州军区当过炮兵的他，有很强的方位意识，他捉摸着，能不能把炮弹落点的方位意识，移植到辖区管理中来呢？

经纬交织的街道，高矮错落的民居，在外人看来简直乱如蛛网、密似蜂窝。即使常来常往的人也不时岔错巷，找错栋，走错门。但是邱娥国通过一段时间的勤走、勤记，已经将每户人家定了方位，在户口册前拟出了方位图。每家每户的人口情况，包括年龄、文化、素质以及主要社会关系他都耳熟能详，这样不仅便于记忆和工作，更为科学的户籍管理打下了坚实的基础。

他管段的户口册，每本的首页都有一幅也许算不得美观但有一定实用价值的方位图。通观户口本，再看方位图，对该户居民的基本情况就一目了然了。这幅方位图不仅方便了邱娥国自己的户籍管理工作，还为本辖区的社会治安奠定了坚实有力的基石。

△ 爱岗敬业，争创一流

△ 用科学理论武装头脑，增强为人民服务的本领

1989 年夏天，烟筒巷发生了一起重大撬门入室盗窃案。派出所干警到现场调查，但见屋内什物狼藉。金钱被盗走，被盗者痛苦万分。经从旁了解，一个中年妇女说，下午 4 点，有一个瘦瘦的男子从这里走过，神色不大对劲。当时她正忙着做家务，没有注意到其他情况。

干警将罪犯的外貌特征带回所里，请老邱"会诊"。老邱听完案情介绍，略一思索，走进办公室，取出一个登记本，叫上一位警察同去找那位仅知一二的妇女。

老邱将登记本翻开，指着一张照片给该妇女认证。这位妇女点点头说："好像就是他。"

老邱与干警们又了解分析，最后确定一个绰号叫"老啄"的有犯罪前科记录的中年男子，是入门盗窃案的重大嫌疑人。

"老啄"原本是一个惯盗，为人刁滑，手段高超。他自我吹嘘，没有他掏不了的包，所以得了"老啄"的外号，意思是，他像啄木鸟一样能干。只不过他啄的不是虫子，而是老百姓的钱包。

释放回来以后，"老啄"过了一段平静的日子，终于"技痒"难熬，故态复萌，日夜在街巷转悠，最后选准了一个下手对象，一次就劫走了3万多块钱。

得手以后。"老啄"跑到南昌市郊的一个酒家喝酒寻乐，没料想西湖公安分局的干警悄然而至，很快将他擒拿归案。

"老啄"哀鸣：一只脚刚上贼船，船就翻了。

→ 岁月不负有心人

★★★★★

老邱在南昌作报告以后，北京的记者们感觉他的话朴实、亲切，言如其人。他自编的一些工作口诀，比如"十熟十清口诀"，给大家留下了深刻的印象。在艺术剧院里听报告的干警，尤其是一些年轻的干警称赞道："像他这样做事认真的，实在难得呀！"

老邱的口音里带着南昌方言的余韵："一熟户口人头数，不重不漏底数清；二熟户主门牌号，不翻底页说得清；三熟房屋几楼住，形状如图印象清；四熟违法人员史，言行好坏考察清；五熟户内人口数，姓名称呼介绍清；六熟家庭经济账，收支变化状况清；七熟每户成年人，项目基本情况清；八熟何时从何来，迁居变动原因清；九熟每户家庭史，父母祖辈关系清；十熟暂住人口数，有关问题了解清。"

老邱手里的工作本分门别类，各司其职——工作记录本、投靠人员登记本、特困户登记本、重点帮教对象登记本等。这些本子既有历史资料，又不断补充现实材料，鲜活而厚重。不同类别人物的姓氏、绰号、年龄、性别、爱好、体貌特征、经济状况以及交际情况皆有一丝不苟的记载。乃至于一个搞了多年财务工作的同志听了，也自叹弗如，说：如果搞财务工作能像他这样心细如发，记载详实，"账目"清楚，那么财务管理就十分出色了。

老邱的认真与细心，的确是做好户籍工作的法宝。不仅常住人口，就是暂住人口，他也了如指掌。

1994 年盛夏的一天，兴隆巷的群众清晨起来，感到蹊跷：原本起早摸黑、不善言辞的谢裁缝，门户反锁，不知到哪里去了。透过门缝观察，屋里除了案板机子，各色衣料已经荡然无存。

天哪，居然有携衣料而逃的裁缝！刑侦大队的干警来了以后，经调查，发现有 20 多户价值 2000 多元的衣料被卷走。

这个裁缝是从外地来此租赁房屋营业的，人称谢老板。因为他手艺尚可，加工价格也合适，一时间接了不少加工布料，谁能料到他会逃走呢？居民们议论纷纷，甚是气愤。但当公安同志向他们进一步了解此人的姓名，尤其是籍贯时，又没有谁说得清楚。

△ 邱娥国在报告会上

"我们是做衣服，哪里会管裁缝的籍贯？"

"谢老板平时就不喜欢讲话，做好了衣服，想跟他搭腔，他也不愿搭呢。"

出租者说，他也从未过问裁缝的家居人口，现在不时兴打听人家的家庭。

一番调查，有了一些眉目，又中断了；线索断后，却从老邱这里续上了。

兴隆巷虽不属于老邱的管段，但却是老邱从筷子巷派出所到管段的必经之路，所以，老邱也在谢老板开业的时候做了了解与登记。谢老板或许没有想到一个不属于老邱管段的外来人口会被他记录在册，所以当时疏忽地留下了一个真实的姓名与原籍。

可能是一念之差，也可能是早有预谋，使得谢裁缝干了一件注定要遗恨终生的蠢事。

当老邱与其他干警赶到谢裁缝的家乡时，谢裁缝脸色煞白，几乎瘫坐在地上。

老邱神，是众所公认。他不是电影中的神探亨特，也不是小说中的福尔摩斯，他是生活中的普通一员。他的神，靠的是铁杵磨成针的笨功夫。

17年，他把自己的公休假都放弃了；17年寒暑，17度春秋，老邱已经从青年走向中年。他一头青丝已经掺入了白发。他脸上的每一条褶皱里都嵌满岁月的艰辛。

他破案神速，这是岁月对有心人的丰厚的回报。

△ "一图二诀三本四勤"被誉为邱娥国工作法

记得那是 1988 年的一个节日，妻子、儿子好不容易等到他这个当家长的，有了与家人一同休闲的机会。

八一公园百花洲头，风拂岸柳，莺啼艳阳，游人如织。湖面上，机动小艇与手划小船竞相游弋。孩童在松林里嬉戏，老人在绿荫中小憩，情侣在草地上私语。

妻子涂荔花问儿子军钢：“是划船还是去坐碰碰船？”

军钢还没回答，却发现父亲的眼里有了异样的神情。

原来，老邱在湖里发现了一件东西：一只麻袋。准确地说，是两只麻袋相对套起，里头塞着不知什么东西，中间绑了一道绳子。看成色，麻袋还比较新，依南昌居民的习惯及生活水准，这么新的麻袋是不会轻易扔掉的；再则，麻袋的捆扎也比较讲究，这么讲究的捆扎，为什么要抛弃呢？

邱娥国的眉头蹙起来了，他不忍自己的多事打乱妻子、儿子的游兴，便叫她们先去玩。涂荔花早就习惯了这样一种逛街模式——与丈夫逛街，逛着逛着他就落在后面了，当然不是比她高出一头多的邱娥国追不上她，而是他眼里总能发现事情，或是迷途的孩子，或是狡猾的窃贼……今天他又怎么了？妻子并不想多问。尽管平时她非常担心丈夫的安全，但是今天在熙熙攘攘的公园，她起码对丈夫的安全是放心的。既然他又有了操心事，她知道是拉他不动的。

老邱在游人中恰巧发现了自己的同行——东湖公安分局的警察。于是招呼他，两人叫过来一艘小艇，驶近麻袋，弯下腰去伸手一摸。顿时，两人不由得一惊：麻袋里装的是已经泡涨的一具尸体！

正是由于老邱鹰隼般锐利的目光，使得这具惨遭毒手的尸体尽早被发现，不至因浸泡太久而面目全非，为公安部门最后破案创造了条件。

这个案件的破获，老邱自然也是功臣之一，但是他却悄然退至了幕后。

这些年来，邱娥国成为本派出所获得信息最多、提供线索最多、协助破案最多的人。除此"三多"，他的管段还有两个"最少"，即刑事发案最少、治安纠纷最少。17年中，他参与破获的刑事案件达500多起。仅在1995年，根据他提供的线索，公安部门破获的刑事案件就达36起之多，其中特大案件2起。

他的管段有一些有违法史的人员，部分外流人员也潜藏着不安定因素。总之，在他的辛勤劳动下，一个容易滋生犯罪的环境，逐渐成了发案率最低的安全区。个中甘苦，星星知道，月亮知道，老邱更是心里有万千感受。但每每话到嘴边，他却只有一句并非矫情的大实话：

"我这么些年所做的一切，都是一名人民警察应该做的。"

→ # 春雨润物细无声

★★★★★

面对中央电视台等新闻单位对邱娥国事迹的

采访，江西省公安厅的领导深有感触。他说：

"派出所是公安机关维护社会治安的前沿阵地，是公安基层基础工作最重要、最关键的环节，是展示公安民警良好形象的重要窗口。邱娥国同志在基层派出所不仅善于做群众工作，而且摸索和总结了做户籍工作的方法、经验，练就了打击、预防违法犯罪的过硬本领，树立了人民警察的良好形象。学习宣传邱娥国同志，对于改变派出所'重打轻防'的弊端，对于解决一些民警不愿做、不会做、做不好群众工作的问题，具有重要意义。"

"邱娥国担任户籍民警17年来，走街串巷，真情为民，寓治安管理于服务群众之中，寓打击犯罪于安全防范之中，把好事办实了，把实事办好了，得到了群众的理解和信任。辖区群众把配合、支持邱娥国搞好社会治安作为对他最好的回报。从老人到小孩，都乐意向邱娥国反映社情、民情，提供破案线索。所以，邱娥国管辖的居委会治安秩序一直比较好，各种纠纷少，治安案件少，刑事案件少，群众很满意。邱娥国的先进事迹和经验，给了我们一个有益的启示，这就是：民安是国泰之本。公安民警要以安民为己任，以保一方平安为天职，一切为了群众，一切依靠群众，时时刻刻为群众着想，真心实意为群众服务。只有这样，才能赢得民心，凝聚民心，维护社会政治稳定才有深厚的群众基础。"

在与形形色色的坏人坏事作斗争的时刻，邱娥国屡屡挺身而出，从来没有后退过一步，他的凛然正气，磅礴于他恪尽职守的每一寸土地。但是，在对失足青年以及有过违法史的人员的帮教中，他又是"随风潜入夜，润物细无声"的春雨，当然，间或也有义正词严的批评。

17年来，他扭转过多少顽劣，匡正过多少逆子，扶直过多少曲才，真是数不胜数。

家居象山南路的小刘，1993年因打架斗殴被判刑，小刘的父母都是本分人家，平时就为儿子结交一些不三不四的朋友伤透脑筋，他们打骂交加，儿子不但不能醒悟，反而思想下滑，终于不可自拔。

人到斯时悔亦迟！当听到宣判结果以后，小刘流下了泪水。

父母不愿再见到这个被判缓刑的儿子。他屡屡滋事生非，真把父母的心都操碎了。

在小刘1993年至1994年的异地改造之中，邱娥国多次主动给他写信，信中既有严厉的批评，更有温煦的劝导，鼓起了小刘在劳动改造中获取新生的精神风帆。

1994年3月的一天，小刘返回筷子巷。乍见老邱，小刘头一低，不知说什么才好。

老邱让他先好好休息，再把自己的想法好好理一理，谈一谈。老邱想，小伙子回来以后，条件可能好些，但肯定还会伴随一些新问题的出现，自己丝毫不能掉以轻心。

按规定，仍在服刑期的小刘须每月向主管户籍警做思想汇报。老邱自然不会放过这一机会，细致观察，循循善诱。老邱也常常主动下段，在街巷里或小刘家找到他，将法律知识读本送给他，动之以情理，晓之以法度。

小刘渐渐对邱叔叔有了感情，对他的话虽未必句句入耳，但也深表信服。他时常想，就是自己的亲爹娘，对自己也没有这份耐心的，何况他一个警察，每日要做的事多得不得了。小刘只要去派出所，就感觉这个老邱真是个大忙人。

老邱对小刘的帮教当然不是停留在简单地上政治课上，而是经常以拉家常、促膝谈心的方式进行。

小刘的现实困境他不是不知道：早婚，自己没职业，老婆也没工作，还有一个嗷嗷待哺的孩子。老邱明白，不解决这个三口之家的开门七件

△ 邱娥国先进事迹报告会会场

事——柴米油盐酱醋茶，再生动的政治课也是沙中之塔，立不起来。

小刘对邱叔说："我不是懒，不愿工作。当了丈夫，当了爷（爷，南昌话，父亲之谓）的人，再坏，也有一点家庭责任心，但是，工作实在是难找啊。想做生意，没本钱；想开店，没门面。"

老邱说："没事做，一天到晚在外头游游逛逛也不行呀。"

小刘心里有气："我哪里游逛得痛快呀！只要有事做，什么事我都做得了。"

老邱心里其实早有想法：小刘这样的青年，扶起来是一棵树，躺下去是一摊泥。他在家里无所事事，不仅严重影响日常的经济生活，而且不排除有再度犯法的可能。他已经捉摸过不止一次了，叫小刘去做点什么呢？

穷街陋巷，几个作坊似的厂子容纳不了几个人。水果店，裁缝店，理发店……已经过剩。依小刘目前的情况，还是量力而行，不能搞负债经营。

老邱只有亲自出面了。他是警察，他的出面，无疑就是一种责任，一种信誉。

一家一家的店面问过去，一个一个的企业寻过来，要么直言谢绝，要么没有一个肯定的答复。后来连小刘都失望了，说："你的心意我领了，你不要再为我的事情操心了。"

老邱没有放弃寻找，第二天、第三天……终于，找到一个外地人开的面包房。一个人民警察，推荐一个同他没有任何亲戚关系的失足青年来工作，和颜悦色，一片善心，店主不由得被他的诚恳感动了，答应让小刘来试工。

老邱交代小刘好好干，转身又去为一个残疾人的现实处境奔走了。望着他高大的背影，小刘忍不住掉下了热泪。

然而，给小刘找到一份职业，远不是老邱对他帮教的结束，他一方面张罗、帮助小刘的妻子到翠花街卖水果，一方面继续关注两口子的思想动态。

一天，小刘的妻子跑到老邱这里来抹眼泪，她一边哭一边说，小刘近来对她的脾气越来越大，动不动就骂娘，今后跟他的日子不好过。这几日，他们都是各怀一肚子气，不讲话。

老邱听着听着就品出一点味道来了：这女人可能疑自己的丈夫有外遇。

老邱劝导她："……他也是一个精灵人，又年轻，不要看他讨了老婆生了崽,还是贪玩。没有确凿的事实,不要乱猜。尤其是感情上的事,噼里啪啦乱放炮,没有是非都会生出是非。只顾自己放炮痛快,到头来一害自己,二害家庭……"

一席话说得这个女人心思回转,但老邱仍然放心不下。他一个电话把小刘叫来,当着小刘女人的面,锣是锣鼓是鼓地敲他:"……你也不对着镜子看看自己是啥样子!你老婆哪点比你差?走出去哪一点不比你好!你要是在外头花花草草,在她面前可要小心,在我这里就要挨板子……"

这番话,明是敲小刘,暗是捧他妻子。两边都是明白人,再出门去,两人那种紧张关系已经冰化雪消了。

→ "没有老邱就没有我的今天"

★★★★★

1996年12月9日的一个下午,由中宣部、公安部联合组成的调查组,召集广外及筷子巷两个派出所辖区得到过邱娥国帮助的部分居民20余人,在南昌西湖工商局5楼会议室座谈。这些居民中有孤老余锦桂、盲人卢仕杰，还有其他人。

多年得到过老邱帮助的黄糯老太太已在弥留之际。她的儿子何海泉从景德镇赶来，匆匆来到会场，话未出，泪长流，呜咽不成声。此时此刻，那位不是骨肉却情胜手足的好兄弟邱娥国正在他母亲的床头。

何海泉对老邱的感激而泣使全场为之动容，大家叫他赶紧回去看母亲。老何抹泪出门的时候，一个拎包的小伙子悄然进门，在边座坐下。

他被大家朴实而发自内心的发言所感动，说："我姓张，是老邱的帮教对象，本来今天我要到外地去出差销货，听说上面来考察邱娥国的先进事迹，就放弃了出差的机会，赶来这里。我之所以这样做，是因为没有老邱，就没有我的今天。我有责任在这里讲一讲老邱对我的帮助。"

原来，小张出身在一个条件不错的工人家庭，哥哥还是公安干部。小张人聪明，脑子活，原本在学校学习也不错。但自从认识一批'罗汉'（罗汉，南昌方言，小流氓）以后，再也没有了在窗明几净的教室里安心读书的兴致，高中没毕业，就同母校南昌二十一中拜拜了。

从此，他心目中的英雄是大腕、大款，是侠客，是为朋友两肋插刀的好汉！

他虽然个子不高，力气不大，但是因为他的狡黠以及不怕死的劲头，很快就在南昌的"小罗汉"里头有了相当的知名度。他指挥一拨弟兄在街巷混战、冲杀，心狠手辣，闻者心惊。

父母亲对他的所作所为，既伤心，又担心，更觉无可奈何。每次打了群架以后，小张都不免被派出所叫去受教育。但是，小张不以为然，他觉得如果自己退出，就再也不是自己了，也不可能有这么高的"威信"

了;再说，大盗不当，小窃不断，就算平常打打杀杀，派出所又能把我怎么样呢? 所以，在派出所写检查的时候，他是一副面孔——十分感动; 离开派出所，他又是一副面孔——故态复萌。在看守所里，趁隙逃出，也不是一次。

多行不义必自毙。终于，在一次恶战中，他这边以伤残对方一条胳膊的"战绩"而告胜。还不待"庆功"，就听得警车嘶鸣，警灯闪烁，犯罪者一一落入法网。

小张是在珠湖农场劳改的时候，痛感自己把自己给毁了的。望着滔滔的湖水，他觉得自己这二十多年来的生活就像一场梦。这时候，他才感受到父母的养育之恩、兄弟的苦口婆心以及派出所的严厉教诲，是多么的温暖、多么的需要啊!

从农场保外就医回返的最初那段日子，小张感觉外面变化很快，他觉得就像从一辆缓慢行驶的车上一下子跳到一辆快车上，很有点把握不住自己。他的心境变得很索然。

邱娥国来找他的时候，小张很抵触，他没好气地说:"比我坏的人，这巷子里就不少，你为什么盯住我?"

邱娥国说:"我既要盯别人，也要盯你。"

"你盯不盯我，我都是这样子。"

邱娥国不在乎他的顶撞。按理，以小张的负罪之身，必须按月到派出所来汇报，但多数情况下，是老邱主动上门。这不仅是一种姿态，而且更容易通过一个家庭的细枝末节来准确地把握当事人的各种情况。

老邱既过问他的思想行为，又询问他目前与今后的打算。小张经过思考，说："我觉得自己可以办好一个小饮食店。但是，我不晓得怎么去办手续。"

老邱说："这方面，我比你熟，可以帮你办。"

说干就干，去工商局办营业执照，去防疫站办卫生登记……都是老邱带着去找人。小张讲："现在做什么事都要走后门，有你出面，就好办多了。"

老邱说："社会风气就是被你们这种想法搞坏的。事情还没办，就想到走后门，那怎么行呢？"

小饮食店开起来以后，老邱反复叮咛："要合法经营。做什么事都要有长远眼光，不要搞一锤子买卖，把一个顺顺溜溜的开头，闹成了一个花蔫叶败的结尾。"

小张生意不错，神采飞扬地叫老邱放心。

一接触业务，小张的灵活与交际能力就显现出来了。朋友多，点子多，把个饮食店开得有声有色。

一旁看着的邱娥国既为小张营业的成功高兴，同时又为他捏了一把汗——好朋友自然是越多越好，他担心的是小张又被坏朋友影响过去。

在小张身上老邱可算尽了心力，本来应该松一口气了，可是他来找小张的日子却似乎更勤更多了。有时候，他只来小张店里看看，什么也不说，就能把住店主的思想脉搏。

那天，店里打烊了。唯有小张同他的一个朋友在桌边抽烟聊天。

朋友问："怎么邱警察今日又来店里了？"

"他是我朋友,经常会来看我的。"

朋友"嗤"地一声,冷笑着说:"他年纪比你大得多,做不了你的爹,也做得了你的叔。他是警察,凭空帮你,图哪样呢?"

听他这一说,小张心里咯噔了一下。

日久见人心。小张当然知道,老邱长时间帮他,绝没有一星半点图其钱财的意思。可是自己身上是有污点的,店里常来一个警察,人家可不会认为你小张有一个很好的警察朋友。对桌这个老兄其实就是有看法的。

小张尽管对他的诘问付之一笑,心里还是想妥了,要回报一下老邱。这么长时间了,自己也挣了钱,有福同享,首先就不能忘了恩人老邱。

于是他挑了一个与老邱单独见面的机会,掏出几千块钱来塞给他,说:"你从我回来开始,就对我帮助蛮大,这是早就该给你的一点报酬。你以后……不需要经常来看我,免得一些朋友有看法……"

老邱勃然色变,说:"你想买通我,还是想堵我的嘴?我看你现在赚了钱,就有点是非不分了!"

小张脸色通红,讷讷地收回钱包。

此后,小张又送了两条烟来,也被老邱挡了回去。他只抽了一根烟,借这个机会跟小张谈心。小张谈到自己目前的一些困难,老邱答应向所里汇报以后,再设法解决。

小张在老邱的帮助下,思想有了进步。业务做开了,搞起了一个装修队，经济收入不断增长，心情很愉快。

小张对记者说："邱娥国愿意同我交朋友，才使我有了新生。以前，是我想躲开他；现在，我夜间在巷子里走过，见到派出所有灯光，就琢磨他在里头。我会主动进去坐一坐，跟他谈谈心，这样心里就觉得很踏实。"

⊙→ 男儿洒泪为哪般

★★★★★

不少失足者在谈及邱娥国对他们的关心时，都由衷感到，他既关心别人的思想，也关心别人的生活——而这些都是最实实在在的、温暖人心的，比如户口关系、夫妻情感、生老病死……

刘新国是一个水果摊主。十多年前，他曾因失足受劳教。回家以后，他想到妻子及两个孩子都是农村户口，自己又没有职业，脾气变得很坏。动不动就跟妻子吵，跟外人吵，谁都不敢惹他。

那天，巷子里一个妇女来收卫生费。为20块钱的卫生费，刘新国又出口伤人，话说得很难听。

这个妇女气不过找到派出所。正好邱娥国也知道了这件事，老邱认为刘新国说出不堪入耳的话语实在不应该。于是他把刘新国找来，当面给他一番有理有力的驳诘。刘新国脸红脖子粗，一句话也说不出来。

刘新国在辱骂中暴露出来的不良思想，使老邱深感他的思想改造非短期可以奏效。有些人触法犯罪以后，时常是旧习未改，新的恶习又来。他将筷子巷派出所管段内的一百多名有违法史的人员情况摸得烂熟，常有一种扑火的感受，每每是明火才灭，死灰复燃。

社会治安的一个重要方面，就是对这部分人加强教育，严肃法纪，申明利害，认真管理；不然，就是对公安职守的亵渎，也是对辖区百姓的不负责任。

但是，严肃的教育若不同深厚的人情相结合，不同深入的了解相结合，只能是事倍功半。

邱娥国走进了刘新国的家。

这是一个同样需要理解与关爱的家，老婆和两个孩子，虽然久居城市，户口仍在农村。

苦出身的老邱一瞬间就理解了他的难处。生活最能打磨一个人的脾性，或者火暴，或者消沉。眼前的刘新国是火暴之后的消沉。

"你觉得现在这种条件，做点什么最合适？"

"一穷二白，无权无钱，什么事也做不成。"

"现在是水果上市的季节，批零差价虽然不大，但是薄利多销，也不是没钱赚，你看……"

"我这种人也不是想赚大钱的角色，首先要对付四张嘴巴。"

"卖水果，风险小，我看你做得。"

"老邱，不瞒你讲，我现在四壁空空，一点积蓄也没有，就是想卖水果，哪个又肯赊账给我呢？"

甘洒热血保平安

刘新国说着抱着头，面露苦笑。

老邱感觉，这是一个既自卑又自尊的男子。撑起一个家庭，不仅是现实生活的需要，也是老刘精神得以稳定的前提。

凭老邱的知名度，不少摊店主都乐意同他交往，可老邱从来没有为自己的事情麻烦过他们。这次为刘新国的困难来找他们帮忙，好些个体户都愿意伸出援助之手。

老邱后来就挑了一个熟悉的水果商，给刘新国赊了500斤新鲜水果。

刘新国在老邱的具体安排下，在街口将摊子铺起，吆喝开了。万事开头难。既然开了头，刘新国的精干与吃苦精神就显露出来了。虽然利润不大，但总起来说，还是日有盈余。

老邱只要在摊点前转转，看看顾客，听听报价，加减乘除，大致就能估算出一个摊主的基本收入。他想，刘新国虽然有了一份收入，但是他的负担比一般市民更沉重，除了养育孩子的诸多费用，包括医疗、教育等等开支，他还有一笔沉重的付出，就是购买议价粮油。

民以食为天，不先解决这个问题，小本买卖的薄利都会被每月的粮油款吃净吮干。

刘新国当然也是日夜将老婆孩子的户口问题萦绕脑中。老邱一谈到这事，他顿时两眼放光，表示可以不惜代价来争取。因为没有城市户口，小孩就学等问题解决不了，而这些问题迫在眉睫，不好办呀。

老邱实话实说："现在像你这种情况的居民，有很多在排队，可以准备申报材料，但是也要考虑到不会很顺利。"

刘新国眨眨眼，表示理解。

果然，刘新国的材料报上去一次，被打下；再报一次，又被打下。

刘新国恐怕自己的路子不够硬，怎么才能打通路子呢? 说起来，人家老邱已经是够意思了，他的能量也都发挥出来了。刘新国辗转难眠。

老邱告诉他，比较了一下，他刘新国的两个孩子固然困难，但是的确还有更困难的，就是讲个先来后到，也要等一等啊。

　　这些话，刘新国将信将疑，他在琢磨，是不是老邱有什么为难之处，所以才说几句宽心话来安慰自己呢？

　　刘新国经过深思熟虑，决定将自己起早摸黑攒下的 7000 元钱全部取出来，交给老邱。他上老邱家，拿出钱来说："这个钱也不一定就是送你的，你怎么花，由你。"

　　老邱脸一沉说："我不要，别人也别想通过我开后门！"

　　刘新国讪讪地回家，跟老婆反复商量，认定是礼薄了。第二天，刘新国东筹西借，加上 3000 元凑成 10000 元，再次走进老邱的家门。

　　老邱来了火，连推带搡，把刘新国送出家门。

　　伸手不打送礼人哪，老邱这是怎么了？出门以后，刘新国心里一阵悲伤，他晓得孩子户口的事暂时是没指望了。

　　刘新国忙着摊点上的事，早出晚归，也就把这桩事淡忘了。日子一天一天地过去，刘新国知足而认命。

　　这天，邱娥国再次来找刘新国，他平淡地对老刘说："你两个孩子的户口准迁证已经办好了，抓紧去上吧。"

　　老刘接过户口准迁证，一时竟不相信是真的。

　　回到家里跟老婆一说，两人都感动得流泪。

面对记者的了解采访，刘新国依然两眼发潮，他说："像我这样的人，没钱没势没权，只有老邱看得起。那时，哪个愿意理我呢，只有老邱不断地来帮我，从小事到大事，我没在他身上花一分钱。想请他上馆子吃一顿饭，他也不肯去。说实在的，我父亲死的时候，我都没流眼泪，但是老邱送户口准迁证来，我哭了。"

→ "刺儿头"重返学校

★★★★★

由于家庭人口多，生活困难，邱娥国小学毕业就失学了。是部队这个大熔炉，冶炼出他出色的作风与品格。

多读书，读好书，是他一直深藏的情结。无论在小巷深处，还是在学校门前，他总是会多看孩子们几眼，由衷地说："在学校里，就是要把书读好哇。"

读书，在邱娥国的头脑里，犹如船帆对大海的渴望，犹如雄鹰对蓝天的梦想，犹如田野对春天的憧憬。

广外与筷子巷派出所的辖区，既有中学，也有小学。老邱有空就会去学校看一看，那也许是对不再回返的学校生活的一种追念吧！

南昌二十一中的女校长万彝云老师仍然记得80年代初的一件事。

那时候，万老师在二十一中任教务主任。80年代初期，文化大革命结束虽然有三四年了，但是那场浩劫的"余风流韵"并没有完全清除。社会风尚中的负面影响与生存环境中的不良品质交相作用，书难教，教师难当，依然是令她这个教务主任发憷的现实。

当时，二十一中初二年级有个学生叫欧阳生，是个"刺儿头"。该生在小学就因为学习差，表现差，留过两级。

欧阳生从某小学到二十一中读初一，就已经14岁了。一声起立，他真是"鹤立鸡群"——在本班，块头最大，年龄最大。原本，如果他表现稍好些，是能很快得到老师喜欢的，因为他体育成绩不错。而德智体三方面有一项专长，都是班主任求之不得的。十分可惜，该生的"体育成绩"每每是在向弱小同学挥舞拳头的时候才显现出来。

欧阳生在小学就是个祸精，常常惹得其他家长告状；到中学，依然有点"混世魔王"的味道。他的父母亲在巷子里给人敲铁皮桶、烟囱管，叮叮当当一天下来，劳累不堪，听到老师家访就头疼。不是他们不想管儿子，儿大不由娘，骂也骂了，打也打了，他还是他。

"他不听，就让他以后坐班房去好了。"他父亲恨恨地说道。

"你们是做老师的，学生就是怕老师，你们多管管吧。"做母亲的到底心软些，把儿子又推给了学校。

班级也好，学校也好，多次给欧阳生做工作，软话硬话都讲遍了，欧阳生好不了三天，就复原归本——不会变。

老师终于对他丧失了信心，这么一个学生，想来上课就来，想不上课就走，仅冲这一点，就令人头疼万分，更不要说他还有其他恶劣品行了。1981年3月，大概是外面春光正好，欧阳生在学校待的时间更少了，后来就干脆不来了。学校领导查看他的学籍卡，觉得该生严重违反校规校纪，于是做了除名处理。

开除了欧阳生，万老师舒了一口长气，他的班主任连老师也觉得卸下了心头的一个重负。

欧阳生没有了学习负担，几乎成了一个流浪儿。在社会上冲冲打打成了他唯一的嗜好。

那次他在巷子里率一拨一般大小的孩子打群架，这边一块砖头飞过去，那边一块石头飞过来，闹得过往行人都只有绕道走。这时候邱娥国赶来了，这群孩子一哄而散。老邱抓住一个鼻青脸肿的孩子，带到所里叫他洗手洗脸，然后问他，还有些什么人参与其事。

在同这群野孩子的逐一谈话中，欧阳生的形象浮现出来了——老邱感觉这是一个小头头。蜜蜂虽多，蜂王却只有一只。老邱觉得，欧阳生虽然是个头头，但是毕竟年纪小，还是可以教育过来的。

他找来欧阳生，问他："你还想回到学校去吗？"

欧阳生想了想说："老师不会让我回去的。"

"如果叫你回去呢？"

欧阳生不吭声了。

老邱抚摸着他的头说："我像你这个年纪就帮家里做好多事了，打柴，割禾，喂猪……什么事都要做，走过学堂，就好羡慕读书的学生。那时候，家里条件差，断断续续只读了6年书。你现在有书读，条件比我们那个时候好多了，现在不珍惜，以后真会后悔的……"

一席话，说转了欧阳生的心思。

老邱又到他家里，跟他父母说。他父母原本也不想多管儿子，听了老邱一番话觉得入情入理，不由得点头："能到学校去，当然好。就怕他野惯了，读不进去。"

接下来比较难做工作的，是已经将欧阳生除名的二十一中。

1981年5月，也就是欧阳生离校的第三个月，邱娥国来到二十一中。他找到当时的校长，讲了欧阳生的情况，希望学校能够收回成命，让欧阳生复学。老邱反复说："他毕竟就这点年纪，不读书，到社会上流浪，坏起来，快得很呀！"

校长认为学校有学校的纪律，给一个学生除名也是校务会议上做出的决定，有相当的严肃性，不大好收回。

但终于经不住老邱的磨缠，找来了教务主任万老师。

校长说："老邱想叫欧阳生复学，你看怎么办？"

万老师一听，摇摇头，断然地说："不行。现在学校正在狠抓校风校纪，不能姑息迁就。如果对这样一个学生，除名了又要叫回来，其他学生会怎么想？我们还怎么对学生进行教育呢？"

万老师心里想得很多：这绝对不是欧阳生一个人的问题。初中的孩子特别容易跟伴，跟好伴，好一群；跟坏伴，坏一堆！

邱娥国见万老师正在气头上，没有回旋的余地，也就告辞了。

过了两天，老邱又来了，他知道万老师这里是关键。收不收欧阳生，就靠这个女教务主任一锤定音。他径直到教务处找到万老师，笑眯眯地对万老师说："我又来求你了。"

万老师也不便说什么，端了一张椅子请他坐。

老邱讲到巷子里的事情，巷子里的孩子以及他们的父母。万老师惊愕了：这个老邱对那些普通家庭竟如此了如指掌。

老邱感慨道："这些孩子如果不靠学校，推到社会上去，要是跟一些不三不四的人接触，变坏，甚至走上犯罪道路，都是很难说的。其实，我看欧阳生这个学生胚子还不错，教得好，是个人才。你们学校多费费心，我也配合配合，好不好？"

他的话，对万老师很有触动。说到底，他邱娥国毕竟是一个警察，教育孩子的事更多地应当属于学校。一名非教育工作者能够这样"三顾茅庐"，言辞诚恳地希望学校接受一名有错误的学生，身为教育工作者的老师，怎么能甩手不管呢？再不接受欧阳生，就不但悖情，而且无礼了。

于是万老师答应收下欧阳生，并做好班主任的工作。

连班主任老师起初也是不肯收回欧阳生的，因为他的班级管理刚见起色。"他走了，我的班秩序好多了；他一来，准乱！"他说道。

万老师把老邱的想法一一转述，连老师也觉得无话可说，但心里仍有自己的看法。

→ 浪子回头金不换

★★★★★

欧阳生返校了。

校长与老师都很关注他的表现。老邱有空就来，鼓励他有个全新的面貌，珍惜现在的读书机会。

万老师也跟欧阳生说："邱叔叔这样关心你，你只有好好读书，才对得起他在你身上费的心血。"

欧阳生的表现的确有了变化，老师感到很欣慰。

1982 年 9 月下旬的一个下午，第一节课的铃声已经响过 30 多分钟了，欧阳生同七八个同学神情紧张、满头大汗地跑进学校。他们一个个低着头站在教室门口，叫了声"报告"。班主任看看表，脸色一沉。班上的同学都朝门口看过去，课堂里响起一片嗡嗡声。连老师一看，就知道敢这样集体迟到，领头的非欧阳生莫属！

连老师心里窝着火，就让这群学生在门口站到下课。

下课以后，连老师找到教务处，对万老师说："你看，欧阳生的老毛病又犯了。一粒老鼠屎坏了一锅汤，不仅他自己，把其他同学一起带坏了，谁还带得了这个班？你去问问欧阳生，今天下午是不是又到哪里打群架去了！"

万老师听这么一说，也生气了，当即把欧阳生一伙"请"进办公室，让他们靠墙站好。欧阳生是祸首，万老师就首先批评他。可是他一句话也不说，倔头倔脑的。万老师恼火极了，真想拧他一把。

万老师挑出一个年龄小点的学生，严肃地说："要讲实话，不然，就处分你。你们到底干什么去了？"

这个学生沉默了好一阵，才怯怯地看了两眼身边的同学，说："我们没做坏事。"

"那你们做什么了？"

他又不敢说了。

万老师觉得有些蹊跷，放缓了语气说："你说，没关系的，有什么事情，老师会给你们做主的。"

小同学这才说："我们是看邱叔叔去了。邱叔叔昨天被坏人打伤了，伤得好重，流了好多血。今天中午放学的时候，欧阳生叫拢我们几个，叫大家中午饭吃快点，12点半集合，把平时的零花钱都带上，到三医院去看邱叔叔。"

万老师顿时一愣。

小同学舔着嘴唇接着说："欧阳生拿着大家凑起来的钱，买了苹果、香蕉，还有点心去医院。欧阳生还讲，买苹果好，是平平安安的意思。到医院，看见门口人特别多，还有警察叔叔守门，不准随便进去。我们急得不得了，后来还是派了一个代表进去，把水果放下，我们就往学校跑。好几个人都讲，可惜，没有看到邱叔叔……"

万老师听完，发现是自己错怪了孩子，一时鼻子发酸，讲不出话来。

万老师后来表扬他们做得对："经过邱叔叔和老师的教育，你们能够明辨是非，知道好坏了。你们懂事了，我很高兴。你们的连老师也会很高兴的。"

连老师知道事情原委以后，也很感动。

待邱娥国病情稍稳定一些，老师与学生代表又到医院去看望了他。

欧阳生从那以后，进步很快，不再是思想表现、学习成绩的双差生了。一些后进的同学在他的影响下，也变得守纪律、爱劳动了。

欧阳生中学毕业以后，学会了驾驶技术，现在深圳工作。他只要返回南昌，就会到母校来看看自己的老师。

通过欧阳生的转变，万老师常想，对待落后学生，光有批评处分是不行的，更重要的是要有爱心。把一个学生推出校门很容易，收转他的心却很难——正因为这样做不容易，才更需要老师与社会一同付出辛勤的劳动。在这一点上，老邱是一面镜子。如果全社会都像他这样来关心青少年，那将减少很多的不安定因素，青少年失足者的比例也会大大降低，那是多么好的事情啊！

→ 热血写春秋

★★★★★

新时期基层警察的职责固然重在服务，重在安民，但也并非不要准备付出流血的代价。公仆与卫士，一身二任，始终如车之两轮、鸟之两翼，担当在人民公安的双肩上。

邱娥国担任公安民警已经十七八年了。长期以来，他坚持"警民联系日"、"警民联系卡"、"警民联系牌"三项便民措施，将群众的疾苦、忧患记在心上。他对百姓的温暖与关心，像和煦的春风，吹拂着一栋栋低矮的住房。同时，他一身正气，以一腔忠勇保护了一方平安；在犯罪分子和社会丑恶现象面前，像高耸的峭岩，捍卫了人民警察的威严。

至今，抚着身上的伤痕，那浴血拼搏的一幕，还历历如在眼前——

1982年9月26日9点多钟，邱娥国带领一名联防队员在辖区进行防火安全大检查。

在他负责的这片老城区，木质结构的老房子

比比皆是，日常的柴草煤炭任意堆放，房子又拥挤，随时都有很大的火灾隐患。他真是不敢掉以轻心，"小心火烛"这四个字，始终萦绕在他心头。

水火无情。邱娥国无论在乡下，还是在城里，耳闻目睹了无数这样的火灾惨况，一个微小的麻痹，转瞬就带来巨大的灾难！更何况眼下国庆这段时间，气候干燥，加上结婚办喜事的多，烟火鞭炮，都是不安全因素。

△ 邱娥国长期贯彻"警民联系日"、"警民联系卡"、"警民联系牌"三项便民措施，真心实意为百姓排忧解难

他时而深入厂房查看电线老化情况，时而提醒居民注意火烛安全。他俩一路仔细检查着来到下湾街口。突然，一个居民满脸惊恐地跑过来，上气不接下气地说："不得了，要出人命了！"

老邱一愣，叫他说详细。

"一群罗汉在打架，人蛮多，刀子都用上了。"

老邱急问："什么地方？"

"就在前头拐弯，香平巷。"

邱娥国略一思索，对联防队员说："你赶快去所里请求增援，我先去看看情况。"

没等联防队员说什么，他就大步流星朝香平巷奔去。

老邱见前头黑压压一片，足有几十号人，有的拿着鱼叉，有的手持尖刀，有的横起铁棍，正混战成一团，打得难解难分。鲜血四处迸溅，惨叫声连续不断。

这是一起恶性流氓斗殴案，为首的名叫秦陶春，是一个杀人越狱的在逃犯。他纠集起一群亡命之徒，在人烟稠密区械斗，而且选取的是国庆前夕，这分明是有用意的。不可以等闲视之！

这时候冲上前，面对一群斗红了眼的歹徒，危险可想而知；然而躲闪开去，不但会使歹徒更嚣张，也会使周围居民群众的生命财产遭受严重威胁。

危急关头决不能后退！他选准目标，一个健步上前，拦腰抱住一个拿着鱼叉的家伙。这家伙正发疯似的在人群中刺杀。他大声喝道："你们都给我住手！"

杀红了眼的歹徒先是一愣，后来看见邱娥国孤身一人，手无寸铁，顿时胆子大了起来，不知是谁喊了一声："打死他！叫他走着进来，抬着出去！"

△ 一家失火,四邻遭殃,马虎不得

霎时，凶犯们的刀枪棍棒一起落在老邱的背上、肩上、胳膊上。邱娥国只觉得胳膊有一种被肢解的剧痛，顿时血流如注。他死死抓住一个歹徒，坚持着没有倒下去。

增援的警察及时赶到，歹徒们顿作鸟兽散。邱娥国已经昏倒在血泊中。

邱娥国被紧急送往解放军九四医院。因为抢救及时，脱离了生命危险，但是右胳膊肘被尖刀整个刺穿了，血管、骨头以及神经都被严重伤害。医生觉得治愈的希望十分渺茫。上级领导指示，应不惜代价，全力救治英雄的胳膊。

第一次开刀接血管，邱娥国躺在手术台上，疼得

039
甘洒热血保平安

浑身冒虚汗，牙齿咬得咯咯响。第二次开刀正骨头，这么一个有忍耐力的汉子居然疼得几度昏死过去。他的同事一旁看了，禁不住潸然泪下。

那段日子，邱娥国的胳膊像拉链似的划开、缝上、再划开……人是一次次痛昏过去。从手术台上下来，一只胳膊仍然没有知觉。另外，邱娥国的精神上依然处于戒备状态——尽管歹徒主犯已经正法，但仍有人扬言要把他杀死。后来，这些漏网者一一被抓获。

市公安局领导在床头询问："老邱，你个人有什么要求？"

脸色苍白的邱娥国摇了摇头。

为了更好地得到医治，组织上把邱娥国送往上海华山医院。经精心治疗，他的右胳膊功能有所恢复。医生嘱咐："功能的进一步恢复有待于休养及锻炼，千万不要再劳损。"

华山医院在他出院的时候，给他出具了评残证明。

拿着评残证明，老邱心潮起伏。他想，如果评残，那就可能调离公安工作，或不在基层。他对公安工作的感情，真是怎么估量都不过分。干公安固然艰苦危险，但是也倍感光荣——因为，自己的形象，早已融铸在闪亮的国徽之中。

他悄悄将评残证明藏在箱底。

这一放就是15年！直到后来中宣部、公安部联合考察组来江西，大家才知道医院给他开过评残证明。邱娥国为了最大程度地提高右臂功能，刻苦锻炼，右手握着两三个铁球，有空就旋转。由于指头发僵，铁球屡屡滚落。哪怕在他下班的时候，在路上也不断地玩铁球，因之滚失的铁球有几十个。一只手经年累月地摩挲，生出了厚厚的一片老茧。经过刻苦锻炼，尽管他的右臂行军礼或做重活还不能自如，但总算可以握笔、持枪、干活了。

洒向人间都是情

迷路孩子的依傍

⭐⭐⭐⭐⭐

邱娥国在孤老面前是孝顺的孩子，在孩子面前是慈祥的父亲。

他当户籍警以来，据不完全统计，收留过60多个迷路的孩子。这些孩子，有的是在他管段的范围内发现的，有的是在车站、码头、公园等地方发现的。

1996年春运期间，他在火车站值勤，快下班的时候，他看见两个十二三岁的男孩，一脸脏污，没有大人在身边，彷徨四顾。他感觉有问题，上前一问，原来是从进贤李渡乡来南昌的，家里大人根本不知道。

"你们到南昌来找谁呢？"老邱问。

"找姑姑。"那个大点的孩子答着。

"你姑姑家住在哪里？"

"不晓得。"

"不晓得怎么跑到南昌来呢？又不跟大人说，大人要急死的。"

那个小的嘴一张，"哇"地一声就哭了。

小的一哭，大的也在抹眼泪。

这时天正下雨，邱娥国就把他俩带回派出所，买来热气腾腾的包子，又弄了一钵汤，给他俩当夜宵。

吃完饭，邱娥国把两个孩子带回家，招呼他们洗完脸和脚，就送上床去睡觉。

问清楚了两个孩子的家庭住址，第二天，邱娥国带着两个孩子在南昌转了一圈，从丁公路转到广场，从广场找到汽车站，打听南昌直达进贤李渡乡的长途汽车。

找到汽车以后，他给孩子买了票，又送上点心和饮料，还不忘托付售票员看管好孩子。

这两天内，孩子的家里乱成了一锅粥。父母亲急得不得了，给所有的亲戚家去信或电报询问，也包括给住在南昌的孩子的姑姑去电话。答复都是一个："没有看见两个孩子。"

孩子的家人正准备兵分几路，去南昌、长沙以及广东等地寻找，谁料两个顽皮的孩子高高兴兴地回来了。家人大喜过望，顾不得责备孩子，忙问他们是怎么回来的，到哪里去了。

两个孩子最终也说不清那个帮助他俩的警察叔叔究竟是谁，他们只记得他是南昌市筷子巷派出所的。于是，不几天，一封厚厚的感谢信寄给了南昌市筷子巷派出所的领导：

"前些天我们的两个孩子（一个叫桂伟，一个叫仁乐）因淘气私自离家出走，来到南昌市被你们收留在派出所，还招呼他们吃住；第二天又拿钱妥善安排他们乘上到李渡的汽车，使他们安全回到家里。我们做家长的正为找不到孩子而焦虑的时候，看到自己的孩子回来了，真是万分感激你们！"

"我们纵有千言万语，也说不尽对你们的感激之情。就让这千言万语汇成我们心头的一句话：英雄的干警同志们，祝你们永远健康，家庭幸福！请接受我们天底下最崇高的敬意！"

邱娥国就是这样——为民排忧解难，乃是出自心底的一片挚爱，并非为了图报。所以，受到他帮助的孩子，结果连他的姓名都不知道。

有一次，在象山南路，他发现一个迷路的孩子，心想孩子这么小，父母亲一定急得不行，可能会返回寻找。这么想着，他就将孩子举起来。熙熙攘攘的街道上，车水马龙，过往行人都驻足观望。他举累了就放下，歇会儿，再举起。

许多人都感动了，说，这个警察真好！一个老太太说："他是菩萨心肠。"

几个钟点过去，没有谁来认领。老邱只好把孩子领回家。

小孩吃住在老邱家里，老邱到派出所去，他就像一条小尾巴跟着。老邱外出办事，他也嚷嚷着要跟叔叔去。实在忙的时候，老邱的妻子涂荔花就会帮着照看。

日子一天一天地过去，老邱见各派出所及居委会仍然没有孩子家长的消息，就自己掏出几百块钱来，在电视台播发寻人启事。

连续播了三天，孩子的姑姑看到电视，才找上门来接他。

临别时，孩子紧紧抱着邱叔叔的裤脚，不肯离去。

→ 风尘不掩闾巷情

★★★★★

3月。清晨。

南昌城南那些老宅旧院里潮湿的砖墙下，青苔已渐渐从霜冻的阴影里凸现出来。

远处的绳金塔上，灰色的鸽群在早春的阳光下不知疲倦地飞起飞落。

这一带是南昌城里最古老的旧街区。

与城东、城西、城北日新月异的变化相比，这里的变化显然远远滞后于现代都市的节奏。

没有豪华气派的摩天大厦；

没有反射着阳光、灿烂如银的玻璃幕墙；

也没有令人眼花缭乱的高级超市、星级酒店……

也许，正因为如此，那些纵横交错、曲里拐弯的胡同小巷；那些半掩半开、不知存在了多少岁月嘎吱作响的院门，便似乎永远飘荡着一股悠远、平和、宁静的意味。

然而，当你从院门里一眼瞥去，看见大杂院里用木板、铁皮、油毛毡搭建的各式各样的贮物棚，堆放着经年不用的旧物，或是随时要取的家什，将本来就拥挤的空间塞放得更加满满当当；当你走进这样的大杂院，看见简陋的晒衣绳上飘动着刚刚洗晒的衣裤、被单、尿片，红红绿绿的如同飘满了万国旗，你便会从平和宁静的外表下体会到生活的不易和艰辛。

这一带的居民都是真正意义上的平民百姓。他们的饮食起居、婚丧嫁娶，在本巷或许可以成为轰动一时的头条新闻，然而一出巷口，便如飘散的炊烟一样消失在坊巷街间之间的岁月风尘中了。

即便如此，即便日子寻常得不能再寻常，这里的人们也照样有着他们的悲欢离合、沧桑故事。

邱娥国下管段巡片，每日都要走过这样的街区。

作为民警，他把关心群众的冷暖，视作了自己神圣的职责。

他用一脉真情，温暖了一方民心。

→ 老人哭老伴，也哭自己

☆☆☆☆☆

1995 年 3 月的一个清晨。

邱娥国从育婴巷 3 号院门前路过。门里传来一位老太太悲痛欲绝的哭声，哭声嘶哑，已经是有气无力了。

育婴巷属于筷子巷派出所辖区。邱娥国对这里的住户情况十分熟悉。

3号院住着好几户人家。老邱立即听出这是余锦桂老太太的哭声。余老太太和老伴都已是80多岁、风烛残年的老人了。由于他们无儿无女，平常邱娥国每月总要抽空来看望老人几次。

莫非……邱娥国一步跨进了院门。余老太太门前聚集着的邻居们一见老邱来了，都松了一口气。他们都信赖这位热心肠的民警。

"邱同志，你来了就好，劝劝老人吧，她也许听你的。她老伴去世两天了，她不吃不喝光晓得哭。我们劝也劝不住。"

余老太太一见老邱，哭得更加伤心了。

叫老人怎能不哭呢？

老伴郑思贤，结婚40多年来对她恩重如山。

余锦桂40年前因前夫病逝再嫁，当时她无儿无女，并已失去了生育能力。丈夫郑思贤不仅没一点儿嫌弃，几十年夫妻生活中连重话都没有说过一句。

她有文化，却因为种种历史原因没有正式工作；他识字不多，只是一名普通的建筑工人，却用男人厚重的双肩和纯朴的爱，为命运多舛的妻子支撑起下半生生活的希望。

仅靠一点工资，几十年来他俩的日子过得十分清苦。但清苦中却深藏着恩爱夫妻相伴相守、相濡以沫的甜蜜。

晚年的余锦桂患了糖尿病。都说这是富贵病，吃得累不得。郑思贤退休18年来，几乎承担了全部的家务活。

清晨，郑思贤会轻轻唤醒她，敦促老妻去公园锻炼身体。待她上午10点钟从公园回到家，郑思贤将该做的家务活儿全部干完了，然后给她泡好了一杯热茶。

余锦桂舍不得老伴，当在情理之中。

她哭老伴为什么要先她而去！

老人哭老伴，也哭自己。

她哭老伴独自去了，丢下自己一副衰病之身，仅靠老伴单位的抚恤金，今后的日子怎么过？

邱娥国在老人的床头轻轻坐下。

"婆婆你千万要想开些哦。人老了，总会有个先后。他老人家也算是高寿了。人死不能再生，你整天哭，哭坏了眼睛和身子怎么办？生活上有什么困难，尽管跟我讲。"

别看邱娥国在坏人坏事面前临危不惧，一身正气，吼起来声若洪钟，此时却犹如"五尺钢"化作了"绕指柔"，轻声细语地劝慰老人。

余老太太拉着老邱的手，抹着红肿的眼睛哽咽着说："邱同志啊，我死了老头子，今后就无亲无故，无依无靠，没人照顾了，我活下去，再没有什么意思了啊！"

邱娥国也为老人难过。他想起自己吃了一辈子苦的母亲，老人比自己母亲还要大几岁啊！他竭力劝慰老人。在随后的几天里，他帮助老人料理了郑思贤的后事，又买来新鲜瘦肉和刚刚上市的时新菜豌豆，亲手煨好了汤，劝慰哭了好几天的老人多少吃点东西补补身子。

忙完这一切后，邱娥国留下了他的电话号码并对老人说："今后我会常常来看你老人家。老人家有什么事就让人打电话给我，我会马上赶来。你就把我当做亲生儿子好了。"

对于邱娥国来说，这是极其郑重的承诺。

余锦桂老太太知道邱娥国是个好民警。丈夫还在世时，邱同志就没少帮过他俩的忙。隔三岔五，就要来到院里问问、看看，帮着做点重活。可老人家更知道邱同志是个大忙人，虽然如今老伴撒手西去，需要人家帮忙的地方更多，但筷子巷辖区几千户人家，跌跌撞撞的孤老残疾，掰着指头数都数不过来，他怎么照应得了那么多呢？

即使现在这样，也够难为他了。老人权当这是一句安慰话。但有了这话，老人心里多少得到些慰藉。

春天在三月里已悄悄走进小巷。

巷口梧桐树舒展开嫩绿的叶片，老人们脱下了厚重的冬装。爱俏的女孩子甚至已穿起了薄薄的呢绒外套和毛线裙，使小巷顿时春意盎然。

可是春天却走不进余老太太的心。

老人心苦啊！

夜深人静，余老太太无言地抚摸着老伴的遗像，又悄悄抹开了眼泪。

往事犹如发黄然而依旧清晰的书页，在老人眼前揭开……

假若不是日本鬼子，她的晚年本也应该享受儿女满堂、孙儿绕膝的天伦之乐啊！

是那场罪恶的战争夺走了她的孩子和她晚年的幸福。

难忘那些逃难的日子，她带着幼小的孩子随着人群逃往昆明。

多少人在苦难中跋涉，在流亡中煎熬；许多人受尽了苦难，在半路上倒下，一路都有草率堆起的新坟。

儿子受不了一路颠簸，被蚊子、臭虫、跳蚤咬得一身红肿，半路上发起了高烧。当时不要说医治，连一口热水都喝不上。

儿子小小的新坟微微地隆起在一片无名的荒原。

她的心都碎了。

还有难忘的湖南芷江。日本飞机天天狂轰滥炸。那一次，飞机投下的炸弹就在近旁爆炸。她怎么也想不到强烈的震波会让自己在惊吓中失手掉落怀里的女儿。当她抱着头部鲜血淋淋的女儿疯狂地往医院奔去时，却发现医院已被鬼子的飞机轰炸成一片废墟。

那天夜里，才几个月的女儿就是在她的怀里咽的气。

她哭得死去活来。

女儿长得伶俐漂亮，笑起来一双眼睛亮晶晶的。五十多年过去了，老人至今还能清晰地想起女儿可爱的面容。

……

"唉，要是孩子们中有一个活了下来，今天我就不会是孤老，也能像旁人一样享受亲情！"老人在心里叹息，"邱同志再好，总不是亲生的儿子。"

老人将邱娥国留下的电话号码藏好，决定尽量不麻烦他。

→ 郑重的承诺

☆☆☆☆☆

邱娥国却没有忘记自己的郑重承诺。

余锦桂老太太年纪大了，不敢使用煤气，一直用柴烧饭。下班后顺便到建筑工地拾柴，就成了邱娥国的"副业"。休息日他甚至让小儿子军钢也一块儿去工地捡柴。工地上的民工起初都感到奇怪：什么年代了，还有人拾柴，而且是一位威风凛凛的民警！次数多了他们也就习以为常了，倒是军钢刚开始时有些不好意思。要知道，在省高等级公路管理局工作的军钢，也是将近 1.80 米的大小伙子了。要是让管理局的女同事们看见自己拾柴，会不会笑话自己？

但他更了解爸爸的脾气。从小在父亲严格教育下，他和哥哥常常帮助爸爸照顾各种各样处境困窘的老人。这一次当然也不例外。

只是民工们怎么也不会想到，这位民警是在为一位与自己无任何血缘关系的老人义务拾柴！

当那一捆捆柴火送进余锦桂老人的家门时，

老人无语哽咽了。

余老太太现在既盼着邱娥国常来，又希望他不要常来。因为邱娥国一进门，手脚就不停歇。不是帮忙劈柴，就是抹灰倒水打扫卫生，常常是忙到离上班只有 5 分钟了才匆匆离开。

一天清晨，邱娥国在为老人送来一包点心后转身就出了门。余老太太以为邱娥国太忙了已经走了，谁知等老人吃完点心推门出去，见邱娥国正在厨房里劈柴。一小节一小节的柴火整整齐齐地码了一堆，春寒料峭，他头上竟冒着热汗……

老人心里实在过意不去。

1995 年端午节那天，一早就下起了瓢泼大雨，育婴巷积满了雨水，行人无法走路。

老人想托邻居打个电话给邱娥国，让他今天就别来看她了。

谁知一大清早，浑身湿透、高高挽着裤脚的邱娥国一手拿伞，一手提着一袋裹得严严实实的粽子、茶蛋、五香蒜头进了屋门。打开包，粽子像是刚刚起锅，热气腾腾的。

老人不知说什么好，只能拿着毛巾为他擦去满脸的雨水。

每次来，邱娥国都要为老人劈好一堆柴，这一次却例外了。他放下东西笑着说中午再来，全身都湿了，要赶回家去换衣服……

元宵节，邱娥国为老人送来包着肉馅的汤圆，因为他和妻子知道老人患有糖尿病，要尽量少吃甜食。

中秋节，邱娥国为老人送来月饼、水果。有的热带水果，老人活到这么大年纪也从来没吃过。

平时，邱娥国路过老人家门口，总要顺便买上点肉和鱼，为老人增加营养。

每逢过节，邱娥国总不会忘记用保温瓶盛了鸭汤送来。汤里每每有两只熬得酥烂的鸭腿。老人对他说："娥国呀，一只鸭两只腿，每次都送两只腿来，你们吃什么呀？"

邱娥国一笑说："我们年轻牙齿好，吃什么都一样。"

1996年盛夏的一个双休日，邱娥国带着儿子军钢来看望余老太太，正碰上老人中暑，又是呕吐又是冒冷汗。邱娥国立即服侍老人吃了药，不久老人渐渐缓了过来。

但邱娥国不放心。他让儿子军钢陪着老人，自己去了老人对门的邻居小李夫妇的家。

小李夫妇单位经济效益不好，下岗后夫妇俩在家门口摆了个小货摊做点小生意。见老邱来，小李急忙端茶让座。

邱娥国坐下来后和小李夫妇拉开了家常。他问小李："最近生意怎么样？"

小李如实地说："小本生意本小利微，生意难做啊。一家几口要吃饭，两个孩子要上学，日子过得挺紧的。"

于是邱娥国便与他商量："对门余婆婆病了，这段时间能不能抽空帮忙照顾一下，工钱由我来付。"

小李见老邱这么信赖自己，马上和邱娥国一起过来看望余婆婆。

在老人生病的日子里，小李夫妇帮着熬粥、洗衣，晚上烧好水为婆婆洗身。在他们的精心照料下，老人身体渐渐康复了。

邱娥国来到小李家，掏出200元钱感谢他们。

小李夫妇执意不肯收。

他们说："老邱你小看我们呀，你一个非亲非故的民警都能这么关心一位无依无靠的老人，我们做邻居的帮着照顾点也是应该的。"

老邱却硬是将钱塞进他们手中，临走时开了一句玩笑："等国家经济发展了，你俩单位效益好了，我就不付工钱了。"

自从邱娥国主动义务承担起照顾余锦桂老人以来，他每月10号准时去市一建公司为老人领取老伴单位发给她的108元抚恤金。开始一两次领钱时，一建公司劳资科的同志挺纳闷：余老太太不是无儿无女的孤老吗？怎么有这么一位高高大大的亲戚来为她领钱？后来老邱掏出警官证，解释说老人住在他的辖区

△ 老邱，坐下来歇一歇，吃口茶好吗？

内，年纪大了，他有责任为老人跑腿，他们才恍然大悟。以后每次他们都提前准备好这个特殊的工资袋，等邱娥国一来就交给他，节省他等待的时间。

邱娥国对余锦桂老人的一片真情，感动了余老太太四周的邻居们。以前老太太因为性格孤僻，脾气固执，使人不大容易接近，人缘不算太好。现在大家都纷纷主动照顾老人，使老人感到人间的温暖……

有一次，邱娥国见老人又在老伴遗像前抹眼泪。一问，原来前面巷子里一位老婆婆去世了，下葬时儿子、儿媳、孙子、孙女一大群为她送行，好不热闹。老人想到自己将一个人孤零零凄清清上路，心里不禁又难过起来。

邱娥国对老人说："婆婆你放心。你老了以后，我为你端相片送灵，你也会有一大群人为你送行，不会让你老人家孤孤单单走的。"

老人再也不担忧什么了。

有了邱娥国胜似亲人般的照顾，余锦桂老人变得乐观和开朗起来。后来她逢人就说："我虽然没有儿女，现在却一点不难过了，身体也比以前好多了。有的人家，儿女不孝顺，哪里比得上我有个娥国呀！"

邱娥国从广州出差回来，给老人买回一袋杨桃。老人将杨桃一个个分送给左邻右舍，让大家都尝尝这稀罕的热带水果。虽然老人自己最后一个也没吃上，却因为让大家分享了娥国的热情，显得格外高兴。

1996年10月的一天，邱娥国将一捆劈好的柴送到余老太太家里。老人轻轻地唤他进屋，从木箱里取出精心包了好几层的3000元存折和她丈夫的扫墓证，一并郑重地交给了邱娥国。老人说："我已经老了，来日不多了，我的后事就全托付给你了。到了那一天，请你把我和我老伴合葬在一起。"

老人沧桑一生，最后对一名户籍警托付自己的后事，并倾囊交出所有的积蓄。这是母亲对儿子般的信任啊！她早把邱娥国当做自己最亲的人了。

邱娥国接过了存折，把此事报告了派出所。同时把一份责任牢牢记在了心里。

→ 岁月的注视

★★★★★

农历腊月小年那天，邱娥国来接余老太太回家吃团圆饭。

邱家在 6 楼，老人腿脚不方便，邱娥国二话没说就蹲下来背起老人一级级上了楼。

邱娥国的妻子涂荔花和孩子们，早在家门口迎候。待老人换上暖和的棉鞋进了屋，荔花将老人扶着坐上沙发，一家人问寒问暖，好不亲热。

吃年饭时，邱家老母亲也在。一家人却一定要安排余老太太坐在正中。当邱娥国举杯祝老人"天福天寿"时，老人应着应着，泪水就忍不住流了下来。

老人想到，老伴去世以后，每月的抚恤金都是娥国帮着领的；每月的药是娥国买了送来的；

看见自己的衣裳旧了，娥国马上为自己添置新衣；床上的垫絮睡得时间长了不再膨软，是娥国拿去找弹棉花的重新加工；即使娥国去北京出差，那么忙，也没忘了抽空上街为自己买来舒适轻暖的棉帽……

就是亲生儿子，也难做到这么周全、这么孝顺啊！

此刻，新年的气氛正弥漫在南昌的大街小巷。万家灯火，温暖了这座城市的每一个角落。

历尽沧桑的老人，有着不寻常的经历。她心里，还藏着一段从不愿向人提及的委屈啊。

1915年，余锦桂出生在德安高泉（今属江西瑞昌）一个老实本分的农民家庭。父母生了四胎，只养活了她一个。

父母亲将独养女儿余锦桂视为掌上明珠。不仅因为她的美丽活泼，更因为她的聪颖。在女孩子根本不可能念书的乡下，父母竟然省吃俭用，送她读了几年私塾。

1929年，方志敏率领的红军在这里开辟了革命根据地。

余锦桂家因为房子和院子较为宽敞，成为县委书记杨超和其他干部常常落脚的地方。

杨超在工作空隙常给余锦桂讲革命道理。15岁的锦桂进入红军办的政治训练班学习，并帮忙照料住在村里的红军伤员。

1932年前后，由于敌人封锁得紧，没有盐吃成了影响红军战斗力的大问题。杨超就因为长期缺盐，几次晕倒。

红军多次派人化装成商人到各地采购食盐，都不幸牺牲了。

当时，距离高泉二十多公里的范镇，驻扎着刚刚换防过来的国民党一个团。按当时禁令，老百姓不准私自卖盐，全部由军队控制。红军侦察员了解到伪团长小老婆的弟弟在该部担任医务官，由于控制售盐是个捞油水的买卖，伪团长便将这个美差派给了小舅子张医官。侦察员还了解到，这个张医官是个贪财又好色的家伙。

只要能打通这个关节，就有可能为红军搞到盐。

17岁的余锦桂毅然接下了这一危险的任务。

她有一位堂姑是镇上豆腐店的老板娘。堂姑的邻居何秀和余锦桂很要好，两人结了"同庚"。何秀家贫，靠给人洗衣做针线活为生。

余锦桂冒充跟高泉接壤的叶家铺叶保长的女儿，挎着一篮大青枣闯过了范镇南渡口的哨卡。自然，满满一篮青枣都送给哨卡的"弟兄们"尝个鲜。护送她的红军连长和一位战士，则留在河对岸的树林里等待消息。

堂姑见余锦桂来了，悄悄取出好不容易攒下的3斤盐，让余锦桂给家里带去。

可余锦桂说她需要几百斤盐。

堂姑被侄女吓了一大跳："你不要命啦? 这盐，老百姓平时就是一两也难买到!"

余锦桂去找何秀，将红军缺盐的困难如实地告诉了她。

何秀这个穷人家的姑娘，也是个敢说敢做的人物。她早就恨透了国民党兵的胡作非为。两人商议一阵便有了主意。

原来这张医官常常来揩何秀的油水，三天两头让何秀给他洗衣服。

这一日，他又来了。见到一个俊秀的少女在和何秀说笑，张医官不由得眼睛贼亮。

"这是谁家大妹子，一表人才，怎么我从前没见过?"

"隔壁豆腐店老板娘的侄女呀，叶家铺叶保长的女儿。我们这一带有名的美人呢。这兵荒马乱的，哪家大姑娘敢随便出门?"

张医官取了衣裳不肯走，两只眼上上下下打量着不卑不亢坐在那里的余锦桂。

余锦桂梳一条油亮的大辫子，弯弯的眉毛，高高的鼻梁，小巧的嘴唇红红润润的，浑身散发出少女青春的气息。在高泉一带，她确实是数一数二的漂亮妹子。

"这么漂亮的大妹子，找婆家没有？干脆给我做太太好不好？"张医官终于原形毕露。

何秀将嘴一撇："张医官你开什么玩笑，人家叶保长的女儿来镇上想买点盐买不到，愁都愁死了。你们封锁得这么紧，老百姓一年到头没盐吃，田里的活都快做不动了。"

"好办好办。明天我就给你大妹子送10斤盐来。"

余锦桂假装羞涩地开了口："这位长官心肠真好。可我10斤盐买回去哪里够，我要买500斤呢！"

张医官张大了嘴半天说不出话来，一只手就摸向腰间的手枪："你——你——你他妈的是女共产党？要给共匪买盐？"

余锦桂一扭身子撅起小嘴："长官真会开玩笑，长官又不是不知道，共产党在这一带杀了好几个保长啦。叶家铺就在共产党鼻子底下，我爹整天提心吊胆，恨共产党都恨不及呢，还能帮共产党买盐？"

张医官斜着眼问："那你要买那么多盐干吗？"

何秀这时冷冷地插嘴道："张医官，叶家铺有上千号人，叶保长一族有六百来号人，大家凑了点钱要保长想想办法为各家买点盐，不然都要死人啦。你们共产党打不着，倒把老百姓逼苦了。"

张医官这才放下心来，他盯着余锦桂俊秀的脸，赔着笑说："原来如此。大妹子别生气，我知道叶保长是为我们办事的，可你知道买这么多盐，弄不好要掉脑袋的。500 斤盐我绝对办不到。"

其实叶家铺在哪个方位，张医官根本就不知道。这个团不是本地部队，都是山东兵。

余锦桂背转身子，慢慢解开花褂子，从内袋里小心翼翼地掏出 30 块大洋。她扣好扣子，将光光亮亮的大洋一枚枚数清。然后对张医官说："我听何秀妹子说长官你来头大，买点盐是小事一桩。这 10 块光洋长官行行好帮叶家铺百姓买点盐，剩下的钱长官买点香烟抽。"

当时 1 块光洋按黑市价可买 20 斤盐。

张医官望着 30 块大洋眼睛不禁放光，嘴里却还说："大妹子，买盐我答应你，但还有个条件，你做我的太太好不好？"

当时余锦桂笑着说："长官你不如娶个城里的女学生，干吗要个乡下妹子呀？"

何秀却在一旁插话："长官你不知道，叶保长的女儿念过书，也是个识文断字的女秀才呢。要不她爷放心让她来办这么大的事？"

张医官听说，就指着军服上的徽记对余锦桂说："你念念看。"

余锦桂看了一眼，轻轻念道："张连山，上尉医官。"

张医官高兴得眉开眼笑。怪不得一见这妹子就觉得大方，果然与一般乡下姑娘不同哩。又漂亮又识字，张医官恨不得立即要余锦桂答应做他的太太。山东老家那个小脚婆娘，他早就打算休了。

余锦桂只好哄着他说："那我也要和我爹妈说呀，他们答应了，还要照我们乡下规矩正式下聘礼才行。"

张医官一听，高兴得就要上前动手动脚。何秀在一旁拦着说："张医官你太性急了，今天叶保长的女儿还要赶回去。天晚了路上不太平。

过两天等亲事定下来也不迟呀。"

"对，对，你快回去和你爹妈商量。嫁给我，保你一辈子穿金戴银。"

余锦桂在心里"呸"了一口。

何秀问："你有什么见面礼送给叶保长？"

张医官愣了愣，说他可以送箱西药，乡下缺医少药，这比什么都值钱呢。张医官想反正这对他来说是举手之劳。

余锦桂不露声色，心里却大喜过望。

当余锦桂让扮成挑夫的红军连长将满满一担覆盖着大枣的白盐挑出镇南哨卡时，张医官亲自护送，谁也不敢盘查。

过了桥，余锦桂假装关切地对张医官说："你就别再送了，过了河有危险，怕有共产党的便衣。"

快黄昏时，余锦桂的母亲听见院里大枣树上老鸦叫，以为女儿回不来了，伤心地哭了起来。

县委书记杨超安慰余母说，锦桂机灵得很，一定不会出事的。

可杨超自己却一天都吃不下饭，黄昏时就站在山头等候。

当他远远看见锦桂一行三人挑着担子上山时，高兴得一口气跑下十多里山路。得知锦桂一下子就买来200斤盐，还捎带回一箱极其珍贵的西药，杨超激动得一把抱住锦桂："好妹子，你太了不起了! 红军胜利后，一定要为你请功! "

洒向人间都是情

余锦桂记得，村里当时安排住着 43 名红军伤病员。他们每人分到了半斤盐，都珍惜地用小布袋装了别在身上。盐和那箱西药使伤病员在很短的时间里全部痊愈了。当一位指导员来接他们归队时，特意将余锦桂的名字写下来藏在贴身衣兜里，并郑重地告诉她，只要有一个伤病员活到胜利，就不会忘记她冒死帮助红军的功劳。

1934 年，形势一天天紧张。红军撤出了根据地。余锦桂很久后才知道，红军已开始了长征。留在当地的县委书记杨超和政训班班主任辛忠进，转入地下工作后都因为叛徒的出卖先后被捕牺牲了。

她失去了和革命组织的最后联系。在白色恐怖中，在当地无法生存下去的情况下，在父母亲的哀求和眼泪中，她只好违心地嫁给了一个比她大 20 多岁的男人，身心麻木地远走他乡……

可是她没有忘记红军。

解放后她多次走进革命烈士纪念堂，在杨超烈士的遗像前痛哭。烈士牺牲那年才 32 岁。她一直尊他为兄长、师长。杨超烈士牺牲前写下的遗诗，83 岁的老人至今还一字不漏地记得：

满天风雨满天愁，

革命何须怕断头；

留得子胥豪气在，

三年归报楚王仇。

她永远怀念杨超。他的名字，是她青春岁月的见证。

只是，再没有人能证明她的过去了。

即便到了晚年，老人依然渴望得到应有的理解啊！

现在，一位共产党的好干部，像尊敬母亲一样尊重自己。这位历尽沧桑的老人感到知足了：共产党没有忘记她，还关心着她的晚年。

……

在新年除旧迎新的鞭炮声里，在娥国一家浓浓亲情的温馨里，余锦桂老人抹掉眼泪，又忍不住笑开啦……

→ # 临终一唤泪千行

★★★★★

比起余锦桂老人的一生来，家住章江路27号的何公公和老伴黄糯女是有福之人。

何公公做了大半辈子的钟表修理工，过日子也像指针一样一圈又一圈，有条不紊。夫妇俩共生育了四个孩子。在清贫艰难的日子中，四个孩子成为夫妇俩生活中的欢乐和支柱。孩子们都平平安安地长大了。待儿女们一个个成家立业，老两口有了第三代，自己却进入了老年。

按照中国民间传统的说法，这是一对福寿双全的老人。这样的老人，往往在街坊邻居的喜庆婚宴上被敬为上宾。

然而，老两口也有深感遗憾的事，那就是四个孩子分别在九江、景德镇、福州等地工作，没有一个留在自己身边。

四兄妹除了春节或出差能回家看望老父老母，共叙亲情，大多数的日子老两口只能互相扶掖，自己照顾自己。最让老人难过的是，儿女们有时碰上单位加班等原因，春节都不能回家团圆，只能托同事顺路给父母捎上一些礼物。那样，过节的日子常使老人倍觉孤单。

儿女们不是不孝顺，他们都曾请求过老人到他们身边去居住。老两口也尝试着去和孩子们一起生活。然而在南昌居住了一辈子的何氏夫妇，来到外地总觉得不自在，哪怕是和自己的儿女们住在一起。所以他们只住了一阵子就又回来了。

毕竟这里有住惯了的老屋，有几十年熟悉了的街坊邻居，有闭上眼睛也能辨识的街道胡同。没有了这一切，老人心里便会空落落无所适从。

"故土难离啊。都说叶落归根，老了老了，难道老叶还要飘落到外乡去？"

这是老人们的独特心理。

就让孩子们在各自生根的城市工作和生活吧。老两口还是决定守着旧巢过日子。

只是让儿女们太牵挂了。

平时，他们时时担心着父母的生活起居；遇到天气变化或冬季来临，更不知如何是好。不是担心母亲的气管炎发作，就是害怕父亲的腰腿痛又犯。

老人的孩子们后来回忆说，那时一接到半夜的长途电话，就心惊肉跳，生怕父母亲出了什么意外。

1984 年，章江路 27 号搬进了一户新邻居。

男主人是一位高高大大、和颜悦色的民警，女主人也显得娴静温良。两个儿子虽然才十几岁，却十分懂事，进门就叫"公公"、"婆婆"。

他们便是邱娥国一家。

章江路 27 号是一幢年代久远的两层木楼。邱娥国一家和黄糯女夫妇住在楼下。两边厢房间有一条凹凸不平的过道。

南昌的梅雨季节，到处可以捏出水来。

邱娥国踩踩坑坑洼洼的过道，对两个孩子说："这么滑不唧溜的泥巴路，对门的公公婆婆走路摔了跤可不得了。"

他领着儿子军峰和军钢忙了一天，将烂泥巴一锹锹铲去，又买来水泥铺了一条平坦的过道。

水泥干透后，军峰和军钢搀扶着两位老人试着走上又平整又干净的过道。两位老人笑眯了眼睛："这下再不用害怕滑脚，也不用担心土坎绊脚了。我子女回来都没有想到的事，你爸爸却为我们想到了。"

远在外地工作的老人的儿女们收到家信，得知新邻居非常好相处，而且乐于助人，一个个都放心了。

那时，他们还没有想到，老父老母今后的饮食起居再也没有离开过邱娥国一家的悉心照料。

自从邱家搬来以后，老两口家里的所有重活，都被邱家"承包"了。

米快吃完了，只要说一声，邱娥国下班时便顺手买了扛回来；

煤球快烧完了，不用开口，邱娥国就帮着买回来了；

就连平常的垃圾，也都是军峰、军钢哥儿俩全部包揽着倒了；

最最重要的是，老两口生了病再也不用发愁了，邱娥国一家完全把他们当做亲人一样照顾得好好的。

老人的儿女们回家探亲，听父母说起邱大哥一家的帮助，感激不尽。邱娥国却说："我们是邻居，门对门住着，就像一家人一样。你们安心回去，我会好好照顾公公婆婆的。"

话说得如此朴素和本色，儿女们却感到有一种真情滋润了自己的心田。

他们满怀欣喜地回到了各自的城市、各自的单位，向同事们说起新邻居邱大哥一家，大家都说老两口真有福气。

随着日子的悠悠推移，黄糯女老夫妇越来越离不开邱娥国一家了。在老人困难无助的时候，邱娥国伸出温暖的手，代替老人的儿女们尽了最大的孝心。长年累月无微不至的照顾，使邱娥国成为两位老人生活上的依靠和精神上的寄托。他们把邱娥国完完全全当成了自己的儿子。

后来在邱娥国事迹座谈会上，老人的儿子动情地向人们讲述了邱大哥成为父母邻居后的一幕幕感人至深的故事——

"记得1985年的元宵夜，是邱大哥搬进章江路27号度过的第一个元宵节。那天晚上，家家放着鞭炮，而我家却冷冷清清，父母前几天才与我们四兄妹分别，现在又回到了往日的孤独和寂寞之中。正当每家每户高高兴兴吃团圆饭时，我家还是冷锅冷灶。这时，邱大哥进来了，后面跟着邱大嫂，还有他们的儿子军峰和军钢。他们将手中热腾腾的饭菜放在桌上，然后搀的搀、扶的扶，簇拥着把我的父母拉到了桌子旁边，轻声细语地对我父母说：'公公、婆婆，快来吃饭吧，想儿女也不能饿肚子啊。'母亲坐在桌旁，望着他们关切的目光，泪水又一次从眼睛里流了出来。邱大哥好像看出了母亲的心思，他招呼全家围着桌子坐下来，每人盛了一碗汤圆，边盛边说：'公公、婆婆，儿女他们不在家，还有我老邱，有什么事尽管找我，我不在家就找军峰、军钢。来，快趁热吃汤圆吧。'大家受他的感染，端起了碗。就这样，一家'三代'说说笑笑度过了一个欢乐的元宵夜。"

"1986 年一个风雨交加的晚上，母亲的老毛病气管炎又发了，她咳嗽不止，气喘吁吁，说不出话来。父亲见母亲病得不轻，从床上爬起来说：'我送你去医院看看吧？'母亲摇了摇头。她心里明白，父亲也患有高血压，经不起风风雨雨的折腾。她也不是没想起邱大哥，平时他看病都是由邱大哥送去医院的。可今晚大风大雨，又是半夜三更,怎么好再打扰老邱呢？正在这个时候，门外传来了邱大哥的叫门声：'公公、婆婆快开门。'原来，母亲的咳嗽声惊醒了老邱。父亲连忙起身将门打开，只见邱大哥夫妇站在门外，邱大哥进屋后着急地对母亲说：'怎么又咳嗽了，老毛病又犯了吧，赶快去医院看看。'说着抱起母亲坐在自行车上，邱大哥推着自行车，邱大嫂撑着雨伞，冒着倾盆大雨，朝医院方向走去。看病的时候，邱大哥见外面风雨越来越大，赶紧把自己穿的衣服脱下来披在我母亲的身上，自己却在一旁冷得直打哆嗦。一旁的医生就问母亲：'这个民警是你什么人？'母亲自豪地说：'是我的儿子。'"

"儿子"——这个普通的称呼，在人们生活中显然属于使用频率最高的名词之一。它的本义表示家族延续的一种存在。然而在深夜的医院诊室里，一位儿女双全的老母亲，却以她质朴的感觉扩展了这个名词的本义。

在那个季节那个深夜，美丽的梧桐叶铺满了大地。透过风雨中嘈杂的音响重新聆听世界，你可知道雨点洒在梧桐树上，具有怎样的韵律？

一声"儿子"，道出了一位老母亲最真挚的伦理柔情；

一声"儿子"，深情地奏响了最简朴最动人的旋律……

后来，因章江路拆迁改建，邱娥国一家和黄糯女夫妇分开了。但邱娥国依然像惦记亲人一样惦记着老人，不仅平时常去问寒问暖，逢年过节，还要带着儿子们，买上礼品为老人祝福……

1996年11月以后，79岁的黄糯女开始感到身体不适，邱娥国三天两头抽空去看望老人。11月下旬，邱娥国要到北京去参加汇报会，临走时特意赶来对老人说："过几天我要去北京开会，不能来看你。你老人家可要好好保重身体，有什么事就找军钢。我都交代好了。"

听到这些温暖贴心的话，病中的老人用充满慈爱的目光望着娥国——那是母亲的心情，母亲的目光。待娥国离去，老人已是涕泪涟涟了。

十多年的记忆像一幕幕电影浮现在脑海里……

"天气凉了，你老人家筋骨疼，就莫沾冷水啦，饭菜我们会做好给你端来……"娥国无微不至的关心，把老人的心抚慰得好熨帖。

家里来客人，年纪大了有些招架不住，娥国就主动帮忙操持。没有床，他家腾出床；没有饭菜，他家负责下厨。

就是自己的孩子回家探亲，也是由邱家腾出房间，铺好床铺，换上新的床单，缝好干净的被褥……

这使黄糯女想起了家乡流传的童谣：

两三岁牛牯自家家走，

十八岁娃崽牵着娘的手……

邱娥国走进老人的生活时已是中年的汉子。如今十多年过去了，此刻这位老母亲却好想为"儿子"念这首家乡的童谣。

那是母亲的情怀啊!

邱娥国走后的第三天,黄糯女的病加重了。闻讯赶回南昌的儿女们,劝母亲到就近的南昌市第一医院去住院。

老人执意不肯,提出要住进市第三医院。

原来,她惦记着那里离娥国上班的地方近。老人想念娥国,知道娥国也会时时来照顾自己。她不想让娥国太劳累。娥国工作太忙了啊!

11月28日,黄糯女的病情更加重了。

她似乎预感到自己来日不多了,一遍又一遍叮嘱身边的儿女:"这两天,娥国开会应该回来了吧?你们赶快打个电话问问。"

老人家心里太想娥国了。

邱娥国从北京回来,立即赶到医院。在北京时,虽然日程排得满满的,他却没忘记抽空为一直照顾着的几位老人和自己的母亲买回轻便暖和的棉帽,这种棉帽只有北方才容易见着。他为躺在病床上的老人轻轻戴好棉帽,又心疼地叮嘱老人的儿女:"病房里开门关门进出的人多,别让母亲头部着凉了。"

这么多年来,邱娥国视老人为自己的母亲。见到老人病重,他心里十分难过。

黄糯女在半昏迷中听见娥国的声音,努力睁开无力的双眼,紧紧拉住了邱娥国的手,久久不肯放开。

黄糯女生命垂危之际,正巧中宣部、公安部联合考察组来南昌考察邱娥国一心为民的先进事迹。老人的大儿子何海泉听说后赶去参加座谈会，邱娥国却仍留在老人身边照看着老人。

在老人弥留之际，邱娥国一次次打电话到座谈会会场，催何海泉赶回来为母亲送终，但何海泉一定要向考察组的同志们讲完邱大哥照顾老人的感人事迹，才肯离开。他声泪俱下地告诉所有参加座谈会的人们："邱大哥照顾我母亲十多年，我们家欠他的情太多，不讲完他的事迹我心不安，不讲完他的事迹，以后我母亲在天之灵也不会得到安慰啊！"

黄糯女临终前的话断断续续，含糊不清，长期不在她身边生活的儿女们听不清、弄不懂，是邱娥国俯下身子，贴着老人的脸听着，然后一字一句地"翻译"给他们听：

婆婆牵挂着她不在了，以后公公的日子怎么过。

83岁的何公公站在老伴病床前，一只手拉着老伴的手，一只手拉着邱娥国的手，泪流满面，一句话也说不出来。

邱娥国含着眼泪轻轻地对老人说："婆婆，你放心，公公我一定会更加照顾好的。"

儿女们齐齐跪在了母亲的床前，捶胸顿足，号啕大哭："娘啊！娘啊！我们没有尽到孝心，我们对不起你老人家，邱大哥才是您亲生的儿子呀！"

12月9日下午，黄糯女已经走到了生命的尽头。无论儿女们怎样呼唤，她再也认不出他们了。吊着氧气瓶的老人微闭着眼睛，嘴里发出微弱的声音："娥国，娥国……"

在场的医生护士，都被这感人肺腑的一幕深深地打动了。

也许是该嘱托的都嘱托了，老人渐渐松开了拉着娥国的手，戴着那顶娥国为她从北京千里迢迢买回的新棉帽，安详而去……

最后留在老人记忆中的，一定是洗却了世间尘嚣的太阳照耀在鸟语花香的青山幽谷。老人放心去了，走向了那个安谧的世界。

一位盲人的感恩

☆☆☆☆☆

　　家住翘步街 36 号的木工卢仕杰怎么也没想到，命运的轨道被一只无形的手搬动了一下道岔，生活就完全改变了！

　　他独自坐在屋里。屋里一片黑暗。

　　外面阳光真好。妻子一早出门时，叫他别闷在屋里，天晴了，去晒晒太阳。

　　可他不想出去。他的眼睛什么也看不见，他的心里已失去了光明。

　　震耳欲聋的爆炸声，像不散的阴魂一样一遍又一遍在他心中炸响……

　　那次意外的爆炸事故，炸瞎了卢仕杰的双眼，也炸毁了他对未来的期望与梦想。

　　"八斤！八斤！"他仿佛听见了母亲慈爱的声音，但是母亲已经不在了。

　　直到现在，邻居们都不喊他的大名儿，全是叫他的小名儿"八斤"。那是父母当年生下一个大胖小子时，乐滋滋地给他取的名儿。

　　这幢老屋，住着七八户人家。卢仕杰就在这幢老屋里出生，也在这里长大。

　　母亲在他 13 岁时就病逝了。

她没能看见，当年生下来八斤重的胖小子后来出落成一个挺精神的小伙子，还把一个秀秀气气的媳妇娶回了家门。

那时他在距南昌市五十多里的向塘做工，姑娘在那里卖菜。按照一般规律，他们认识了，熟悉了，相恋了。

虽然卢仕杰家境不够好，但他的勤快诚恳加上那双机灵的大眼睛，还是赢得了姑娘的心。

现在卢仕杰回想起来，那时的日子真美好，就像一句歌词——太阳每天都是圆的一样。生活啊，就是有着无数费解的东西。怎么那时候看世界，怎么看怎么透亮呢？

父亲去世得早。他俩在哥哥的帮助下办了喜事。

姑娘不嫌仕杰家贫，仕杰也不在乎姑娘是农村户口。

年轻的卢仕杰心高气傲，一心要将小家庭建设得温馨可人。他想，贫穷不可怕，怕就怕没志气。两个人四只手，什么都可以挣回来。

妻子伟师从小在农村长大，勤劳朴实又能吃苦。仕杰在工厂做木工，妻子每日凌晨三四点钟便赶到高安贩运蔬菜。虽然日子过得辛苦，却滋长着希望。不久，孩子陆续出生了。孩子们童稚的笑声、闹声，更使小家庭充满了活力。

怎么会呢？厄运怎么就会在骤然间降临在他卢仕杰头上呢？他怎么也想不通。

卢仕杰再也不是那个爱说爱笑的帅小伙子了，他变得阴郁暴躁。朋友们都疏远了他，妻子再也见不到从前那个生气勃勃的丈夫了。柔弱的她面对沉重的生活担子和双眼致残后一蹶不振的丈夫，越来越灰心。

夜深人静，她只有搂着幼小的孩子悄声哭泣；而大白天，她还要强打起精神去运菜，为解决生计，她根本无法照顾丈夫和孩子的饮食起居。卢仕杰不能工作了，可他们一家五口，有四个都是吃农业粮——这意味着住在城里，吃的都是"黑市"粮。生活开销这么大，孩子又这么小，今后的日子还怎么过下去呀？

卢仕杰不只一次想到死。要不是可怜的老婆孩子让他牵肠挂肚，也许他早就不在人间了。

一个温暖的小家庭，难道能眼看着一点点被生活的碾盘碾碎吗？

卢仕杰一家的困境，邱娥国很快就知道了。

他来到卢家。卢家静寂无声。

坐在黑暗中的卢仕杰听见有人敲了敲门，走进了屋。

他不愿说话，他甚至没有问问是谁。他想邻居们来坐坐，无非也只能说两句安慰的话。对于他的生活、他的失去希望的日子，谁的安慰也起不了作用。

没想到来人是民警老邱。他为卢家买来了米，买来了菜，又帮忙收拾干净凌乱的房间，然后坐在沮丧到极点的卢仕杰身边，开导道："卢仕杰呀，你不要成天愁眉苦脸、唉声叹气。你是有老婆孩子的人了，你今后的日子还长得很，要相信困难总能慢慢克服，生活也总会一天天好起来的。"

老邱话没说完，卢仕杰的泪水就流了下来。

他已听见老邱把米倒进米缸的声音，也听见他收拾屋子的声音。

他好感动。不为别的，就为这民警——老邱不记仇！

那还是眼睛失明以前的事。卢仕杰妹妹出嫁了，

洒向人间都是情

从此搬出了老屋。按规定妹妹的户口在一定期限里也要随迁，但她婆家那边正好在拆迁，办户口挺麻烦，他们就想户口暂时留在老家算了，毕竟这又不是什么大事。

刚来广外派出所工作不久的民警邱娥国找到卢仕杰，要求他按政策规定办，一点不肯马虎。

卢仕杰生气了，这么点大的事情还认"死理"，这不是有意为难人吗？是不是没有"走后门"的缘故？他就站在街口对着邱娥国骂开了。

邱娥国倒也不恼，依然和颜悦色，然而始终坚持原则。

现在，老邱在他失明以后主动上门来看他，这使他顿感十分内疚。

他刚想说点什么，老邱又说话了：

"你不要这么悲观。我们都来想想办法。第一步，先解决你老婆孩子的'农转非'问题吧，这样可以减轻一些负担。如果所里来了'农转非'指标，我一定向上级报告，想办法先解决你老婆孩子的户口问题。"

说者有心，听者无意。

卢仕杰从小在市井间长大，自认为对社会人情看得很透。

他心想，这个民警可能是怕我寻死，才说这些话来安慰我，宽我的心。世界上哪里有这么好的事？谁都知道，"农转非"对平民百姓来说是最难办的一件事。再说，筷子巷的困难户太多，"农转非"每年指标有限，自己就是想"插队"，希望也是渺茫的。一个无钱无势的瞎子，哪还有民警寻上门来帮助解决上户口的？

卢仕杰领了老邱的情，却并不把他的话当真。他苦笑着对老邱说："你放心，我不会去寻死就是了。"

对这个家庭，邱娥国也确实有一种不安的预感。

他想，这位痛不欲生的残者或者他年轻的妻子，若是谁承受不了磨难，都将会给三个稚气未脱的孩子带来不堪设想的结局。

卢仕杰做梦都没想到,当年的"农转非"指标一来,老邱就立即请他们准备上报材料。为了给卢仕杰办理残疾证,老邱拿着卢仕杰的病历一家家医院去跑……

办理这一切的速度异乎寻常地快。因为邱娥国知道自己的肩胛,正担着一个已近倾塌的小家。

在为卢仕杰准备"农转非"的材料并积极为之奔走的日子里,他心里的负荷一点也不比卢仕杰轻松。

当卢仕杰接过户口本时,激动地望着邱娥国,好半天说不出一句话来。

妻子这么久以来,第一次看见丈夫脸上有了笑容。

那一天晚上小两口兴奋得一夜没睡。睡不着就轻轻地说话。卢仕杰说好人还是让我碰上了,妻子说是啊,以后我们都别再说那些死啊活啊的混账话了,我们好歹也是四肢健全的人。看在老邱和孩子们的分上,我

△ 盲人的感念

们也要好好活下去。

第二天，卢仕杰和妻子商议好了，送两只鸡给老邱聊表寸心。

当卢仕杰和妻子好不容易才找到邱家门口时，邱娥国一家正在吃饭。见卢仕杰进门，老邱愣了一下："出什么事了？"

卢仕杰这个曾经在命运面前低下头的汉子，脸红了。他结结巴巴地表达了谢意，并要将两只鸡留下。

邱娥国一听笑了："卢仕杰呀，你能振作起来我就高兴啦。你老婆孩子的情况符合政策，你就不要说那么多感谢我的话了。这鸡我不会收的，想想现在你一家那么困难，你这样不等于从口里扒饭给我吃，我能吃得下去吗？"

邱娥国执意不肯收，卢仕杰夫妻俩只好又提着鸡回家了。送卢仕杰出门时，邱娥国还一再叮嘱："慢慢走，当心车子啊。"

这下子卢仕杰想不通了。连两只鸡都不肯收，老邱为我办事图个啥呢？

还是邻居比他脑子"开窍"："八斤，你想想，办个'农转非'是场多大的事，何况你们一家四口四个指标。老邱帮你的忙太真心了，这段时间他付出的辛劳，我们都瞧见了。这么大的恩，哪里是两只鸡就能回报的！"

夫妻俩想想，觉得是这么一回事。卢仕杰感到有些对不住老邱。

由于本来家底就薄，治伤治眼睛又花去了所有的积蓄，家里一时拿不出多少钱来。但无论如何，卢仕杰认为邻居说得对，应该回报老邱的鼎力扶助。

由于眼睛瞎了，哥哥家已好久没有走动了。这天，在南昌齿轮厂工作的哥哥见弟弟进了自己家门，心里已猜测到七八分原因。

果然，卢仕杰开口向他不宽裕的哥哥借 1000 元钱。

做哥哥的知道，这 1000 元礼金是最低限度。弟弟一家若不是那位好心的民警帮助，恐怕现在要散架了。

卢仕杰第二次去老邱家已是熟门熟路了。进门落座以后，卢仕杰小心翼翼从怀里掏出那 1000 元钱，并发自肺腑地对老邱说，即使如此，也绝不能表达尽自己全家对老邱的感激。

谁知道这时邱娥国的脸沉了下来，生气了："老卢，给你妻子孩子办户口，是我分内的事。若是图你的钱，你根本别想得到这几个指标！"

见邱娥国真的生气了，卢仕杰只好收回礼金。

卢仕杰觉得自己是一个生活在社会底层的残疾人，一无背景，二无地位，然而受到如此优待。他发誓为了这位好人，要争口气努力生活下去。

当他揣着这 1000 元钱又来到哥哥家时，哥哥嫂嫂以为是钱不够，弟弟又来开口了。

没想到卢仕杰是来还钱的。哥嫂大为惊讶，半信半疑："他帮了你那么大的忙，居然连送上门的钱也不要？"

现在卢仕杰的妻子在街口卖水果，日有进项，孩子们也都念书了。虽然日子依然不宽裕，但这一家已经走出了最初的困境。

卢仕杰恢复了生活的勇气，他成了妻子的好帮手。经过努力治疗和锻炼，他的视力也略微有点恢复。他说他现在不仅能够自己走路，而且还能慢慢跑了。

他还准备重操他的木工手艺。

世界上还是好人多，这会让人心怀遐想与感念。

对于卢仕杰来说，今后还会有四季的风缓缓吹过小巷，吹走一个个清晨和黄昏。卢仕杰虽然无法再看见东方的流云、西天的晚霞，但他知道大地确实辽阔，长天确实高远，哪里有河流和山沟，哪里就会有渡船和桥梁。他永远不会忘记摆渡和建桥的人。他下定决心把自己后半生的路走好。

→ 口碑载道的画面

★★★★★

当邱娥国急匆匆跨进南昌二十一中校园时，在操场上觅食的一群鸽子，"扑棱棱"飞了起来。

校园里宽敞安静，与外面拥挤、热闹、繁华的翠花街相比，似乎是两个世界。

邱娥国径直走上教学楼。在二楼的一间教室里，刘隆澄老师正在为学生们讲解英语语法。他抑扬顿挫的声音显示出良好的职业素质。

"show loving care for，关怀。假若是'关怀'

一词的被动语式，即'被人关怀'，则应以下面这种语式表达……"

刘老师转身在黑板上书写。

他没有发现民警邱娥国已等在门外。

离下课还有 10 分钟。邱娥国不想打断刘老师上课。

他是赶来告诉刘老师，他妻子上报"农转非"的材料应该如何整理，目前缺少什么证明。

下课铃声响了，刘老师走出教室，见老邱来了，一时不知说什么好。别看他上起课来口若悬河，可一接触社会生活，却变得笨嘴拙舌了。

老邱办理他妻子的"农转非"户口，已经上门好几次了。本来，有什么事，老邱一个电话就可以把他叫到派出所去的。可他却一次次亲自来到学校，有时就站在操场上和刘老师谈，大热的天连水都没有喝一口。刘老师对教书以外的事一概不清楚，为此，邱娥国仔细地告诉他需要办什么手续，准备什么材料，经过哪些程序。

刘隆澄很清楚自己和老邱没有一点私人交情。老邱因为管着这一方治安，和学校领导及许多老师都非常熟悉，可自己一贯不善交际，在申办妻子户口前，根本就没有和老邱打过什么交道。

邱娥国却很了解刘老师。

刘老师出身于教育世家。父亲早年毕业于南京中央大学，退休前是南昌二中的英语教师。刘老师"文革"前大学毕业，一直在教育战线上工作。由于"文革"中生活不安定，加上性格内向，46 岁时才经人介绍，和赣县沙地乡的农村姑娘章赣英结了婚。现在孩子都出生了，妻子却因为是农村户口，只能在城里打零工。

邱娥国担任户籍警工作以来，对申办"农转非"户口问题，制订了"三优先"原则：生活困难者优先，工龄长者优先，残疾人优先。

接到刘老师的申报材料后，为了让刘老师安心教学工作，邱娥国主

△ 老邱，今天是星期天，你也不休息

动上门服务。

　　事后刘老师曾感激地说过，老邱听说他爱人老家赣县沙地乡的"三级"证明迟迟没有寄来，比他们自己还着急。

　　不久，章赣英"农转非"的户口批下来了。章赣英早就听说过，在城里生活比不得乡下，办什么事都要求人。没想到婚后以为第一桩困难的大事，却办得如此顺当快捷。

　　这位善良朴实、心灵手巧的农村女子，一定要亲自下厨操办一桌带有赣南风味的家宴，答谢不肯收钱收礼却热心为他们一家奔忙的好民警邱娥国。

　　刘老师被爱人催促着，那天上午就去了邱娥国工作的派出所。

　　谁知办户口时一次次主动上门的邱娥国，此时却开始"回避"他。当他肩负妻子的"使命"好不容易"拦截"到邱娥国时，邱娥国却怎么也不肯赴刘老师的家宴。刘隆澄平时虽不会说话，这一回急了，却说得满像一回事："又不是请你老邱赴鸿门宴，吃一顿便饭也不犯什么错误吧? 你不去就是瞧不起我们!"

邱娥国一再感谢刘家的盛情，始终没有被说服去吃饭。刘老师只好请所长再做做工作。

晚上吃饭的时候到了，应邀前来祝贺的亲朋好友同事邻居都来了，唯有"主客"邱娥国不见踪影。

本来并不讨厌丈夫的老实本分，说实话还就是爱上他这一点的章赣英，这一次却生了气："请个客人都不会请，难道让别人以为我们是薄情寡义的人?"

尽管刘老师在老婆的数落下窘得脸红了，却打心眼里佩服民警邱娥国。他想起那天在课堂上讲"show loving care for"的被动语式时，老邱正站在门外。老邱不懂英文，却深知关怀对人的重要。而他刘隆澄拙于表达，内心却比谁都明白，是老邱解决了他的后顾之忧。他要在教学上兢兢业业做出成绩来作为回报。

章赣英现在已是南昌童装绣品厂的工人。路上遇见邱娥国，章赣英还是觉得不好意思，感觉欠了老邱的情。

作为派出所的户籍民警，十多年来，邱娥国按政策为上百户困难居民家属办理了"农转非"户口，其中大部分是他主动上门解决的。一个派出所的户籍民警职位虽不高，权力却不小。邱娥国从未拿权力当商品，从未拿原则做交易。他为居民解决"农转非"户口，为群众做了数不清的好事，却从未抽群众一包烟，吃群众一顿饭，从群众身上捞半点好处。其心之诚，其情之切，在他工作过的地段，百姓们有口皆碑。

一次，家住醋巷 2 号的李有悌到广外粮店买米，见米特别好，就买了50斤。

走到棋盘街，她实在背不动了，就放下米袋，喘喘气。

这时，一个穿蓝色警裤的男人走过来，对她道："来，我帮你扛回家吧。"

她诧异道："我不认识你，你怎么知道我家呢？"

他笑笑道："我不但认识你，还知道你家。你叫李有悌，家住醋巷2号，对不对？"

说着，接过她手中那沉甸甸的米袋，扛起来就走。

她心想："他可能是附近的邻居吧，他认识我，可我怎么没见过他呢？"

△ "这是谁做的好事……"

到了家门口，李有悌对他说："真不好意思，今天辛苦你了，你家住在哪幢楼？"

他笑了笑说："就在附近。"

说完，他就走了。

此后，李有悌就一直没见过这位热心肠的邻居。

一年后，她下班回来，见儿子安安静静地坐在院子里，一声也不吭。

"咦？你今天怎么这样老实？是不是又闯祸了？"李有悌问儿子。

"不，你儿子摔伤了。"一位邻居过来告诉她。

她急了，抱起儿子就要去医院。

邻居对她说："不用去了，老邱已经带你儿子到医院看过了。"

"老邱？他是谁？"

"他就是我们这个管段的民警，叫邱娥国。这不，他来了。"

李有悌回头一看，这个叫邱娥国的民警，正是去年帮她扛大米的"邻居"。

原来，她儿子和一群小伙伴在外面玩，一不小心，从台阶上摔了下来。

邱娥国正好路过，见到这种情况，忙把她儿子送到医院，及时处理了他身上的伤痛。

李有悌很是感激，随手将爱人出差带来的两斤点心送给他。他硬是不肯收。

打这以后，李有悌待邱娥国也像家里人一样亲热随便，有什么事，都愿意向他诉说。

一次，她儿子的自行车被人偷走了，在上班的路上，她碰见邱娥国，便随口告诉他："老邱，我儿子放在院子里的车子，昨晚被人偷了。"

说完此事后，李有悌也没指望邱娥国能将车子找回来。一来他事多，这片地段居民的生老病死、吃喝拉撒他全管；二来自行车被盗事件，也是小案一桩，要在这茫茫人海车流中，找到她这辆被盗的车子，无疑是大海捞针。

但万万没想到，邱娥国却把这件事牢牢放在心上。

第三天，他来到李家，对她道："你跟我到所里去一下，看看追回的那辆自行车是不是你儿子的。"

李有悌跟去一看，果然是她儿子被偷的那辆自行车。

邱娥国就是这样，事无巨细，只要是他看见的知道的，他总会想方设法，帮助解决。

有一天，李有悌的叔公一早出门，到中午还没回家，她一家人可急坏了：他是80多岁的老人，又有好几种病，万一在外面有个三长两短，怎么得了？

于是，她们全家出动去找，找了好半天，也没找到。

正当一家人焦灼不安时，邱娥国用他的旧自行车把叔公推回来了。

他们马上扶叔公进屋，埋怨道："你出去，怎么也不跟我们说一声，弄得我们到处找。要不是老邱送你回来，我们还不知道要找多久呢！"

一旁的老邱则说："叔公人老了，腿脚不方便，你们就别怪他了。"

待他们安置好老人在卧室睡下，要出来感谢老邱时，他却不声不响地走了。李有悌一家很是过意不去。

原来，叔公到医院看完病，已12点了，回家走到瓦子角时，双腿直打颤，半步也挪不开。

于是，他就一屁股坐在马路边。

谁想，这一坐，他就站立不起来了。有些好心的过往行人来问他，他舌头发胀，含含糊糊地讲不清楚，一下子引来许多围观者。

正当他感到极其难堪时，老邱路过这里，一见是李有悌的叔公，就把他抱上自行车后座，一路小心地扶着推着，一直送到家里。

△ 小巷子里事多，老邱你常来，我就放心了

　　叔公病好后，逢人就说："老邱真是一个难得的好人啊！"

　　以后，他只要看见老邱，就要请他进屋去坐一会儿。

　　临终前，他还念念不忘："这辈子，我活了90多岁，碰上了老邱这样的好人，就没什么遗憾了！"

　　下面，我们再来听听一组真实的采访录音：

　　南昌市二十一中校长邓勤义——

　　认识老邱已13个年头了。他在广外派出所工作的6年里，我们学校的老师都把老邱看成是亲人，当成学校领导班子的一员。我们学校教职工的情况，比如张三住哪一栋，家里几口人；李四的孩子多大了；老师中大龄未婚青年有几个……他都摸得烂熟，有时比我这个校长还清楚。教师们有什么具体的、棘手的困难都会向他倾诉。而老邱也非常关心教师的困难，只要知道老师有什么难处，不管是上户口还是闹纠纷，只要不违反政策都会鼎力扶助。我们学校好几个困难教师的家属"农转非"户口都是他一手操办的，他却从没抽过老师们一根烟。

我认为老邱有"三心"是最难能可贵的，那就是真心、关心、爱心。

船山路 440 号居民姚小保——

我是最近在电视里看到老邱的形象，才知道他的名字叫"邱娥国"的。

从他为我家上好户口到现在，他一直是我心目中可亲可敬的"老邱"。

1980 年我上调回城，可老婆、孩子的户口仍旧在农村。我是个普通的搬运工，家里还有高堂老母，生活十分困难。老邱了解到我家情况后，主动找上门，说要帮助我解决妻儿户口。我当时一听眼睛瞪得溜圆，以为这个大个子警察耍我玩。我想我这个搬运工人一没钱，二没背景，要说图我给他写个感谢信什么的，我又不识几个字。所以，我没有将这事放在心上，就当这位大个子警察和我开开玩笑。后来老邱又主动上门，要我到乡下去开具妻子的证明材料，我才相信大个子老邱帮我老婆孩子办"农转非"不是耍着玩的。在他的帮助下，我妻儿的户口终于上到城里来了，我们一家得以团聚。但我一直不知道他的名字，至今仍叫他老邱！

都司前街 1 号居民童桂花——

说起来我就好伤心。儿子不争气，判了刑，儿媳妇离婚走了，丢下一个小孙子在九江。儿子出狱不久又自杀了。我只好带着户籍关系尚在九江的小孙子的户口，找到派出所，眼泪汪汪地请求帮助解决。当时接待我的老邱立马答应下来。见我一老一小的太困难，老邱还掏腰包救助我们。

我不想让老邱白白地又花钱又受累，就拿着多年积蓄的 1000 元钱硬要塞给老邱。老邱当时就跳起来："我怎么能收钱呢？收了你的钱，我良心到哪里去了？"

陶沙塘旅社女店主李家芬——

我丈夫去世得早，丢下几个幼小的孩子和一副沉重的生活担子。可我不是那种轻易向命运低头的人。靠着自己白手起家，办起了个体旅社。由于我的店服务周到，价格公正，又干净整洁，生意便渐渐红火起来。

这样便有几个不三不四的人盯上了我。孤儿寡母的，过得这么"滋润"，让他们眼红了。三天两头来寻衅找岔。老邱知道后，安慰我："一个女人开旅社不容易，有什么困难尽管来找我，有谁来捣乱不要怕，及时打电话给我，我为你撑腰。"打那以后若是有人来闹事，我就按照老邱留下的警民联系卡迅速拨通老邱的传呼机，老邱哪怕正在吃饭，也会赶紧放下碗赶到旅社，喝住闹事者，将他们带到派出所，该教育的教育，该罚款的罚款。有老邱的及时帮助，没有谁再敢随便欺侮我们母女了。

这样的故事，还有很多很多。

人贵有情，情能融化冰雪。一个人、一个家庭处于逆境中所得到的关怀和帮助，是铭心不忘的。其珍贵、其分量远远超出一般情况下所获得的关怀与帮助。有人问邱娥国，你长年累月做这些琐事不感到心烦吗？他回答得十分简单："警察是人民的警察，所以警察为人民做点事是应该的。"

→ 小家温暖大家安

★★★★★

如果说，那些老人、残疾人以及困难户在人生的困厄之旅中，得到了身边一位民警的关怀是那样地情真意切，那么，他在解决群众家庭矛盾和纠纷时的细致耐心，更是体现了他与群众亲如家人、水乳交融的深厚感情。"有困难找老邱，找老邱有办法"，成为邱娥国辖区内街头巷尾流传甚广的一句话。海棠庙居委会主任余运波就由衷地说过："老邱真正是个串百家门、熟百家情、办百家事、暖百家心的好人、好警察。"

让我们把镜头对准小巷里一户普通教师的家庭吧。

故事，还得从头讲起。

这几年，同事们见到魏老师，总喜欢开开玩笑："老魏是越来越年轻了，夫人也越活越滋润了！"

俗话说：人逢喜事精神爽。这几年，魏老师一家确实喜事不断。先是为大学毕业后已参加工

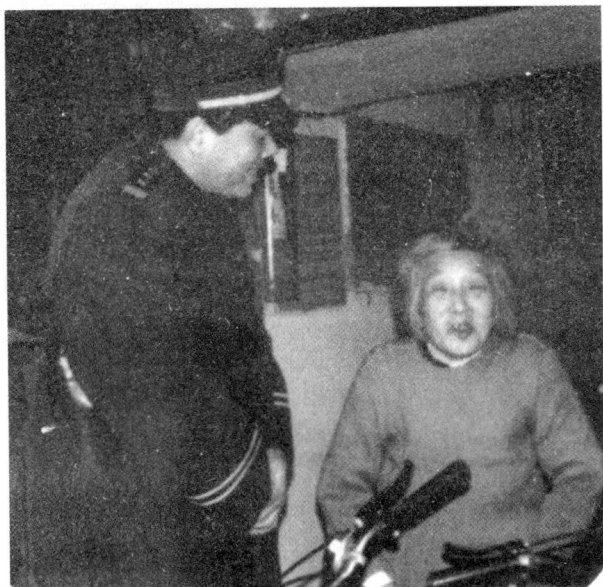

△ 有困难,找我老邱好了

作的老大东明办了婚事,小两口相亲相爱,不久儿媳为魏家生下一个白白胖胖的小孙子,让魏老师夫妇疼爱得不得了。接着最小的儿子东源,20 岁就大学毕业并被广东韶关大学聘为教师,因工作出色不久又入了党。再就是老二东升参军三年,复员后又考上工学院工业设计专业,由于品学兼优,不仅担任了班长,还兼任了团支部书记和校团委干部。

魏老师自己在中学教了三十多年的数学。恢复高考制度以后一直是学校高三毕业班的把关老师。他所教的学生遍布省内外,逢年过节向老师祝福的电话、

△ 串百家门、知百家情、办百家事、暖百家心

贺卡源源不断。爱人在石头街小学任教，工作也认真
出色。夫妻俩夫唱妇随，三个儿子勤奋好学，年轻有为。
邻居、同事谁不羡慕？魏老师自己也感到此生算是无
憾了。

　　谁料想端午节快到了，家里却刮起一场突如其来
的风暴，媳妇唯华跑回了娘家。

　　东明的爱人唯华，对婆家本是满意的。这是一个
知书达理的知识分子家庭。她和东明恋爱之后，公婆
没有因为儿子是大学毕业生而她仅是一名普通工人就
看轻了她。因为小两口婚后单位无房，公婆硬是在仅
有两房一厅住房的条件下为他们腾出一间正房，两个
弟弟回家只能睡在客厅里。

　　唯华在家是最小的女儿，上有三个姐姐一个哥哥，
从小被父母哥姐宠爱着长大的她，不大会做家务。公
婆挺谅解她，不仅在她坐月子时为她请了保姆，平时
也包揽了家务活，尽量让她有时间学习和休息。除了

洗洗自己的衣服，结婚两年了，唯华连饭都没有做过。公婆倒是常常鼓励儿子东明抽空帮助她提高文化。为了不辜负公婆的心意，她经过努力考上了电大，眼看就要拿到电脑会计专业的毕业文凭了。

一家人可以说是其乐融融。黄昏时分，邻居们常常看见魏老师夫妇乐呵呵地抱着小孙子，在巷子里散步。

5月是春暖花开的季节。这时，学校里传出一个喜讯：市教委为了解决教师住房困难问题，准备在新世纪小区购建教师公寓，按优惠价出售给住房紧张的教师。

魏老师夫妇听说了非常高兴。儿子们都已长大，住房实在太挤了。老三虽然已到外地工作，过年或出差总要回家；老二面临大学毕业，毕业后自然要恋爱要成家要有自己的房间，家里却再也挤不出地方了。

夫妇俩商量来商量去，决定一旦教师公寓建好，就争取指标动用积蓄为东明夫妇购买一套住房，让小两口有个自己的家。目前就暂且让老大小两口先找个过渡房，从家里搬出去。困难总归是暂时的。

这时，担任施工员的东明恰好随施工队在外地搞工程，他们就先和儿媳妇唯华商量，看看小两口能否在外面先找间房子过渡。

因为购房一事尚未落实，魏老师夫妇暂时没有告诉媳妇。这就使唯华产生了误会。

她以为公婆嫌她住在家里给他们添了麻烦，她想自己虽然不够能干，但自忖进进出出对公婆十分尊敬，当初对她很好的公婆怎么能在儿子离家后就要赶她出门呢？这不是趁东明不在就欺侮她吗？

年轻的姑娘虽然已做了母亲，但还是比较任性，不高兴了绝不会闷在肚里，话没说完就忍不住和婆婆吵了起来。

魏老师的爱人有些受不了。自己三个都是儿子，一直把媳妇当女儿一样对待。可唯华怎么能这么不懂事，不体谅父母不尊重大人呢？

从此，婆媳俩口角渐多，误解加深。

5月的一天早上，婆媳俩又为放置被褥一事发生了矛盾。两人不欢而散。

唯华回到娘家诉说委屈。做父亲的认为小女儿在魏家受到虐待。妻子已经去世的他最疼的就是这个小女儿。于是一时冲动，便叫上儿子和三个女儿，找到亲家工作的学校去兴师问罪。

魏老师夫妇从来没有和人吵过架。他俩根本没想到亲家公会为一点家庭矛盾找到单位上来吵闹。气愤中两家互相拉扯，动起手来，学校领导和同事们的劝解都不管用。拉扯中魏老师的脸被亲家挥起的茶杯划破了。

东明闻讯赶回家，为了照顾母亲的情绪，表示要考虑和不讲道理的唯华离婚。亲家则扬言要为女儿讨回公道，踏平魏家。眼看一场悲剧就要发生。

魏老师教了三十多年数学，习惯了数理逻辑思维，一家人从来都是和和睦睦，何曾遇到过这种扯不清、理还乱的家庭纠纷？

无奈之中他想到了派出所，想到了老邱。

邱娥国走访了两亲家。有着丰富群众工作经验的邱娥国，先不急着处理事端，而是耐心听着两家都义愤填膺地诉说自己的道理。那些天，邱娥国不厌其烦地踏进两家的门槛，经过详细了解和细致的调查，他发现已是仇人般的两亲家，其实没有根本的矛盾，仅仅是因为处事不当引起误会。

老魏的亲家工作难做。邱娥国苦口婆心，几乎磨破了嘴皮。最后他对老魏的亲家说："对魏老师一家我是最了解的。你好糊涂！你以为女儿在婆家受了虐待，那唯华为什么不愿意离开婆家？又不是封建时代，做媳妇的完全有人身自由。你一定要找亲家打闹，先去问问女儿到底愿不愿意和东明离婚!如不愿意,你还打闹什么?"

老魏的亲家无话可说。他心里明白小夫妻俩感情是好的,亲家本来对女儿也不错。可自己一时气糊涂了,上门问罪了,这面子搁不下来。

邱娥国又找到魏老师夫妇。人心都是肉长的,何况是婆媳之间的矛盾。魏老师夫妇当即表示,只要媳妇明白自己的错处,他们可以谅解,还可以做通儿子的工作。至于原来为小两口购房的计划到时候仍不改变。

一对工薪阶层的教师,平时省吃俭用,却舍得拿出4万多元的积蓄为孩子购房,这是多大的爱心啊!邱娥国狠狠批评了唯华。唯华也似乎明白了许多,她默默地流下了悔恨的泪水。

一场急风暴雨式的家庭纠纷,就这样被老邱的诚恳化解了。

两亲家达成了和解。老邱忘却了几天的辛苦,也欣慰地笑了。

东明和唯华最后搬进了父母为他们购买的新居。唯华带着孩子回婆家看望公婆时,还会有点儿脸红。她打心眼里感谢老邱,要不是他耐心细致地做了父亲和公婆的工作,她就可能因为自己一时的任性而失去她本已拥有的幸福。

在邱娥国管辖的地段,他成了群众的"公共亲人"。不管大事小事,群众都乐意与他商量,找他帮助。而邱娥国呢,不论分内分外,只要群众需要,随叫随到,决不推诿。

一幕幕场景，连缀成动人的篇章……

凌晨时分，都司前街一对夫妻闹离婚，要他去调解。他二话没说披衣就走；中饭时，海棠庙一对母女吵架，女儿一气之下就要放火烧房子，邱娥国得知后把饭碗一扔就赶到现场。在他的说服教育下，使事态"烟消火熄"，终于一家太平；象山南路一家居民住房漏雨，邱娥国连夜上门，借来工具当起了泥工……

对于邱娥国来说，弯弯曲曲的小巷，有着亮丽的风景；平平常常的户籍警工作，同样能够深深融入时代的洪流。

△ 不是亲人胜似亲人

邱娥国的家庭故事

→ 扎着两条小辫的"白毛女"

☆☆☆☆☆

　　三十多年前，南昌县塔城人民公社芳湖大队东台村，住着邱娥国的一位远房姐姐。这天，出外当兵三年的邱娥国回家探亲时，顺道探望多年未见的姐姐。

　　1.83米的邱娥国，长得浓眉大脸，加上一身军装的映衬，显得格外英武和帅气。

　　此时，正值文化大革命初期，军装几乎成了那个时代最抢眼、最时髦的服装——领袖毛泽东穿着它，检阅了百万红卫兵；而那绿色海洋一般的人流，也都是由无数穿着仿制军装的红卫兵小将组成的。

　　自然，年轻的军官就很容易得到少男少女们的倾慕和敬仰，尤其是像邱娥国这样魁梧高大的男子汉，更是少女们青睐的对象。

　　所以，邱娥国一走进村里，他的身影和行踪便成了众多姑娘注目的焦点。

　　其中，一个身材娇小玲珑、模样俊俏的姑

娘涂荔花更是怦然心动：看他劈柴挑水、对远房姐姐嘘寒问暖的样子，就是一个憨厚勤快、懂得体贴的男人。

她兄妹四人。父母虽然大字不识几个，但夫妻间情深意笃、体贴关心。这在荔花心里产生了深刻的印象。

所以，在她少女的玫瑰梦中，最理想的男人就应像她的父亲一样：勤快能干，且又心细体贴人。而不是像村里有些男人那样，娶来的婆娘当马骑，两手抄抄摆臭谱。

而此刻，邱娥国的姐姐望着满头大汗的他，疼惜道：

"别挑水了，坐下来歇会儿吧。"

邱娥国憨厚地一笑："姐，我不累，家里还有什么事，尽管叫我做。"

姐姐摇摇头，赞叹道："娥国啊，像你这样的男人真少有，哪个女人嫁给你，可真是她的福气。"

说完，又关心地问道："娥国，你有对象了吗？"

他摇摇头，苦涩地笑了笑："没，我家那么穷，哪个女人愿嫁给我呀？"

姐姐蓦然眼睛一亮，说："娥国，我们村的妇女主任涂荔花，是个满不错的姑娘，今年刚好20，还没找对象，配你正好。"

他叹了口气，说："就怕她看了我的家，会反悔呀。"

邱娥国的老家是现在的进贤县架桥乡塘中村，因家里太穷，最小的五弟邱小娥从小就送给了他人。

可姐姐挺有把握，道："不会的，荔花思想觉悟高，不是那种嫌贫爱富之人。今晚，是她演出，你看看去，等戏演完，把她接到我家来。"

娥国这才羞红着脸答应了。

于是，姐姐又忙不迭地跑到荔花家，将说媒之意告诉她，荔花含羞带笑地表态道："行，先交个朋友吧。"

晚上，村里搭的戏台上，荔花扮演的"白毛女"把台下的观众看得

△ 和睦温馨的一家

唏嘘不已，却也让一位高个子军人看得心花怒放、如醉如痴：这女孩真不简单啊，既能当妇女主任，还能歌善舞。

他心里对她已有十二分的爱慕。

待戏散了之后，娥国按照姐姐的主意，在半路上等回返的荔花。此时，她的满头"白发"已卸掉，露出两条齐肩的短辫，衬托得她那绯红椭圆的脸蛋愈发漂亮。她那娇小玲珑的身材，穿着一件卡腰花布大襟棉袄，透出乡下姑娘特有的清纯朴素之美。

"荔花，我姐请你去她家坐一会儿。"娥国怯怯地说。

荔花咬咬辫梢，瞟了他一眼，默默地跟他一起去了。

可到了他姐家后门口，荔花突然改变了主意："小邱，天太晚了，咱们不要打扰你姐姐休息，有话，你就在这儿说吧。"

见她如此落落大方，邱娥国顿时也消除了头次约会的紧张和拘谨："行，你坐在这儿，我去去就来。"

一会儿，他从屋里拿出一件棉背心，轻轻披在荔花身上，关切地说："晚上冷，当心着凉了。"

荔花心头顿时一热：好一个又细心又会体贴人的男人！

当晚，两人聊了很多很多。

从此，一根红线就将这两颗心紧紧拴在一起了。

随着鸿雁传书的频繁，两人的感情和理解也越来越深。但荔花的母亲却不同意，她说："荔花，他家太穷了，又是当兵的，常年不在一起，你嫁给他，会受苦的。"

荔花摇摇头说："妈，他是个重情义的男人。我嫁给他，就是吃糠咽菜也是幸福的。"

见女儿如此坚定执著，母亲也自知难以说服她，叹了口气说："唉，女大不由娘。以后，吃苦受累就是你的事了。"

谁知，此话正被母亲言中。涂荔花跟着邱娥国几十年，风风雨雨里，她尝尽了人间的酸甜苦辣和担惊受怕的滋味。

这不，一个多月了，她没收到娥国的一封信。

她焦急得吃不下饭睡不着觉。而此时，外面传来武斗打死人的消息更令她心惊胆战，噩梦不断：娥国血流满面地僵卧在沙场上……

她一次次哭着喊着从梦中惊醒。这时，她才深切感受到，娥国已成了她生命的一部分。此生此世，她决不能没有他。

骤然间，一个面色红润、活泼开朗的姑娘变得苍白憔悴、郁郁寡欢。

直到一个半月后，邮递员给她一下送来五封来自福建三明的信，她才欣喜若狂，一把将五封信紧紧搂在胸口，一路跑着越过田埂小道，直往家里奔去。

心，像是蹦跳不已的兔子，"扑扑"闹得正慌；手，则颤抖得撕不开信封口。

好半天，她才抽出一页页信来读。同她一样，他在得不到她的音讯时，也是焦灼急盼地写来一封封信：荔花，你出什么事了？为什么不给我回信？

事后，荔花才得知，因武斗闹事，铁路中断运行，所以，她写给娥国的五封信，也于一个多月后才姗姗到达娥国的手中。

痴情的娥国，经历这次担惊受怕后，更害怕会失去荔花。征得她的同意，他急切地向组织递交了结婚申请报告。

➡ 丈夫的回报

★★★★★

结婚一年后，他们爱的结晶即将要诞生了，

医生检查后，很严肃地对荔花道："你是前置胎盘，会难产的，生孩子时，你爱人务必要在场。"

娥国闻讯后，忙请探亲假回南昌。不想，预产期过了二十多天，腹中的胎儿，大概是留恋母体的温暖舒适，迟迟不愿降临在这寒冬腊月的气候里。

眼看还有几天就到假了，娥国只好回乡下请母亲来照顾荔花生孩子。

谁知，娥国走的第二天，荔花就进产房了。

待娥国接来母亲，再到医院时，孩子已经降生了。

荔花深情地望着娥国说："你给儿子取个名字吧。"

娥国搓着蒲扇般的大手，沉思了一会儿道："我是军人，我希望将来儿子也当兵，就叫他军峰吧。"

五天后，娥国的假期将满，他就要离开爱妻娇儿归队了。岳父送他去火车站，回来便对女儿说："别看娥国长得高高大大，真不像个男子汉，刚出这房门，就抹起了眼泪，一直哭到火车上……"

爸爸的话还没说完，荔花已双手掩面，泪流不止：真是人间最大的痛苦莫过于生离死别。荔花和娥国，每年都要经历一场这种撕心裂肺的离别之痛。

而这回，痛苦更胜以往，才做了五天母亲的她，多么渴望心爱的丈夫能留在自己的身边，像其他的正常家庭一样，和和睦睦地生活在一起。

然而，她知道娥国的脾气，他是连队指导员，他得给士兵做表率，起遵章守纪的带头作用，她怎能拉他的后腿，不让他回部队呢？

有如此通情达理的妻子，娥国感到莫大的欣慰。他在给妻子的信中写道："荔花，我欠你的情实在太多太多，来日，我一定会加倍补偿的。"

→ "我有好多的爸爸"

☆☆☆☆☆

相聚的日子是那么的短暂快速，而分离的日子却是那么的漫长难熬。

娥国和荔花，每年只能相聚两次。

回首往事，荔花至今还摇头道："每年我去探亲时，是一手拉着老大，一手抱着老二，背上还背着一个大行李包。"

的确，千里迢迢，一个弱女子带着两个孩子旅行，这有多艰难啊！

这种苦，荔花还是乐意吃的，毕竟，这是全家团聚的喜事。再大的苦和累，都让急盼见到丈夫的心情给化解了。

而离别的愁苦，则是荔花难以承受的。每每离开部队返回时，娥国不敢面对开车时妻哭子叫的场面，便让通讯员代他送行。但是刚和爸爸熟悉亲热几天的儿子们，则扑在荔花身上，哭着道："我要爸爸！妈妈，你快去找爸爸来，让他和我们一起回家吧。"

娇儿一声声凄切的哭喊声，揉碎了荔花的心。她，何尝不需要娥国啊？一副家庭的重担两人来挑，她会轻松多少？漫漫长夜，有个贴心知己的伴儿相依，又能排遣多少孤独和寂寞啊！

可这一切，普通人能轻易得到的东西，她却难以得到。只因为她是一个军人的妻子，就要作出更多的牺牲。

那是一个寒冷的冬天。荔花一手端着奶锅，一手抱着军钢往厂部幼儿园走去，因路面有冰，荔花脚下一滑，她和军钢一个摔在马路左边，一个滚到马路右边，而奶锅和盖子，也都"咕噜咕噜"地滚下了坡。

摸着被摔疼的臀部，她一步一滑地走到马路的右边，抱起哇哇大哭不止的军钢，忍不住失声痛哭了起来。

要是娥国在身边，何须自己送孩子上幼儿园？自己这样又当爹又当妈，活得真是太苦太累了。

但到了晚上，她把孩子哄着入睡后，坐在灯下给娥国写回信时，字里行间仍是让他安心工作，勿挂念她和孩子。硬是把日夜所受的苦和累，一人默默地吞咽下去。

她爱娥国，更敬重他的事业心和责任感，她不想为了小家而做有损国家的事。

漫长的八年多时间里，是她，以中国女性特有的坚韧和不屈，肩负起一个家庭的重任；也是她，以中国女性传统的美德，为娥国建立起一个温馨安稳的港湾，让他在千里之外，能一心扑在工作上。

由于娥国与儿子相处交流的时间太少，以至他在孩子的心目中，只留下一个穿军装的军人形象。

一次，厂里在球场上放映一部战争片，荔花带着婆婆、孩子去看电影，当银幕上出现许多解放军战士出列时，坐在母亲怀里的军钢见了，兴奋地两手高举道："啊，爸爸，我有好多爸爸啦！"

顿时，鸦雀无声的球场爆发一阵哄堂大笑。荔花羞得满脸绯红，忙拉下军钢高举着的手，轻声说："什么爸爸呀？那是解放军。"

军钢委屈地嘟起小嘴说："爸爸也是解放军呀！"

看着满脸稚气的军钢，荔花真是啼笑皆非。这个傻儿子！在他的心目中，爸爸是解放军，解放军也就等于爸爸了。

➙ 丈夫受伤后……

★★★★★

1980 年，邱娥国告别了 15 年的军营生活，转业回南昌了。

看着已背上书包去上学的儿子，娥国内疚地对荔花道："这些年你吃苦了，现在我回来了，家里的事，我全包了，你呢，就好好休养休养吧。"

谁想，市里"分配办"通知他到市公安局报到。

他一反往日脾性，竟然婉言谢绝领导的分配，不想去报到。

荔花不禁诧异了："你怎么不去报到？市公安局可是个重要的部门，人家想去都去不了呢！"

娥国苦笑着说："我去了那里，早出晚归，家又顾不上了，不如到你们厂看看大门、扫扫地，把这十几年欠你的情都补上。"

荔花摇摇头道："不，娥国。现在孩子大了，家务事也少多了，你还是奔事业要紧。"

娥国听了这话，心才释然了。

人们常说：女人嫁给男人，男人则嫁给事业。对事业心、责任感极强的邱娥国来说，更是如此。

原先，荔花以为娥国转业回南昌了，自己也可以喘喘气，轻松轻松了。

没想到，娥国分到市公安局广外派出所后，不仅早出晚归管不了家，而且，除了继续带给荔花苦累外，还给她增加了一个担惊受怕的心理负担。

那是 1982 年的一天，娥国一天一晚没回家，荔花便顺道到派出所看看娥国。

值班的老沈一见她，便口吃地打招呼："是……是邱嫂子呀……"

"是呀，老邱呢？"

"他……他有事出去了，大嫂，你……你有事吗？"

"没什么，昨天他一晚上没回家，我不放心，就过来看看。唉，你们呀，工作起来真跟玩命一样，没白天没黑夜的。"荔花絮絮叨叨说着，走出值班室门口，忽见斜对面马路上有一大摊暗红的血迹，不由得回头问道："老沈，这马路上怎么有一摊血？又是谁打架打的吧？"

老沈一颤，支支吾吾道："还……还不是那帮小混蛋嘛。"

荔花听了，也没在意，便急着赶车回厂上班了。

中午时分，广外派出所的指导员来到无线电元件厂找荔花。

开朗热情的她见了，抿嘴笑道："哟，是什么风把你这大忙人吹到这儿来了？来，快换鞋，我带你去参观参观我们厂的车间。"

一路参观完后，指导员轻声对荔花说："我还想见见你们的厂长、书记。"

单纯的荔花仍没听出指导员话中的蹊跷，像以往那样，热心带他到厂部办公室。

见到厂长，指导员满脸严肃地对荔花说："你出去等一会儿，我和厂长谈谈话就来。"

一会儿，厂长出来，关切地对她说："荔花，等会儿我派小王、小张陪你一块去看你丈夫，他受了点小伤住在医院里。"

"是呀，邱嫂子，你别急，他就是受了点小伤，没关系的。"指导员也在一旁安慰。

这时，荔花才恍然大悟，难怪老沈见了她支支吾吾的。还有马路上那一大摊的血。

不! 他肯定是没命了!

霎时，荔花脑中一片空白，浑身的血液都像凝固了一般。在两位女友的扶持下，她木然地进了汽车里。这时，她除了高喊"快开车……"以外，便什么话也不会说了。

一直到九四医院，看到病床上被抢救过来的娥国，荔花这才扑上前，又哭又笑道："娥国啊，你还活着，这太好了! 太好了!"

原来，头一天邱娥国带领一名联防队员在段内进行防火安全大检查时，发现一伙人在打群架。他奋不顾身冲上去制止。一个歹徒恶狠狠地在他右臂上捅了一刀。他顿时昏倒在血泊中。

在医院里整整抢救了近两天，他才从昏迷中醒来。这时，所里的指导员才匆匆赶到江西无线电元件厂，把荔花接过来。

自此，娥国的右手臂伤残了，而荔花，也从此结下了一块心病。

面对担惊受怕的妻子，娥国很是内疚："荔花，我真是太对不起你了。过去，我在部队，你是受苦受累；现在我回来了，不仅没减轻你的负担，还让你提心吊胆地过日子。我……真是过意不去啊……"

"不，娥国。"荔花轻轻抚摸着娥国那日晒雨淋、被风吹糙的脸庞，深情地说："你给予我的体贴关心，就是对我最大的安慰。我什么也不求，只求你平平安安，跟我白头到老！"

"会的，荔花，有你这么爱我，阎王爷也不忍心单独把我召去啊！"娥国动情地说着。

自此后，无论在哪里，只要接到荔花的传呼，他是必定要回电话的。

因为，作为一名公安干警的他，深知能给予妻子的东西是太少太少了，所以，他只能通过电话，把他的安慰、他的安全告诉爱妻，让她感到慰藉、放心，不再为他而担惊受怕。

△ 那次为了阻止打群架，这条胳膊差点完了

➡ 第一次红脸

⭐⭐⭐⭐⭐

人常说，再好的夫妻，也有吵架红脸的时候。

这话不假，连舌头牙齿都有磕碰的时候，更何况常年待在一起的夫妻，怎能不磕碰、不争吵呢？

这一天，一向说话温柔、性格豁达的妻子涂荔花，满肚委屈地与邱娥国红脸争吵，直至两天多，也不理睬他。

霎时，一向欢乐明朗的家庭，失去了欢声，失去了笑语，只有一层浓浓的阴霾，笼罩在每个人的心头。

老邱急得像犯了错误的小学生一样，一直跟在妻子背后赔不是。

但涂荔花仍绷紧着脸，全当没听见一般。

娥国见此情景，心里更像是扣了一只黑锅似的，压抑得好不难受：这，可是结婚以来妻子头次跟他红脸争吵！而且，这次的错，又全在他的身上，他怎能不心急不焦灼呢？

原来，妻子单位经济效益不好，一家四口就靠娥国一人的工资。于是，妻子便在业余时间里为别的厂加工缝制短裤，挣了些辛苦钱。娥国有个弟弟要盖房子，来向哥嫂借钱，荔花便从这笔钱里，取出了 2000 元给他。

娥国上班时，弟弟又找到派出所，对哥哥说：2000 元盖房还不够，希望娥国能再借 2000 元给他。因刚刚嫂子在场，他怕借多了，嫂子会不肯。

邱娥国一听，好不为难：一边是等钱盖房的弟弟，一边是日夜为家庭操劳的爱妻。

尽管他知道妻子是个大方慷慨的人，弟弟要再借 2000 元，她也不会不同意的。可娥国实在不忍心再动用妻子那笔辛苦钱了，这可是她夜夜静坐在昏黄的灯光下，千针万线、一分一毛积攒起来的血汗钱啊。

可亲弟弟开口要借钱，他也不好不借呀。

于是，他便向同事借来这笔钱给弟弟，而自己却省吃俭用，慢慢将这 2000 元还给了同事。

直到三年后，弟弟才还了 2000 元给荔花。

后来，弟弟因儿子办"农转非"户口之事被娥国拒绝了，很不高兴，当即还清向娥国借的 2000 元。回来后，就把老娘撵了出去："你不是老说娥国好吗，你就住到他家去！"

弄得 80 多岁的老人只好挤到其他弟弟家。

此事传到娥国的耳朵里，他很是气愤，当天就和妻子赶到进贤老家，找这个弟弟论理。

他却蛮横道："她又不只有我一个儿子，凭什么要住在我家？"

"其他人住房拥挤破旧，而你家盖了新房，住处也宽敞，你为什么就连自己的亲娘也容不下呢？"娥国痛心疾首。

弟弟这才流露出心底的真实想法："就是因为你借了钱给我盖新房，我才一直留她住在我这儿。现在，房子钱我已经还清给你了，我也不欠你什么，妈妈还是你领回南昌去吧。"

"原来，你上星期还钱的目的就是这个呀？你……你做得太……太……太过分了吧！……"娥国气得语无伦次。

而妻子一听这话倒愣住了："上星期还什么钱？那2000元不是早还给我了吗？"

娥国这才如实告诉妻子，他背着她，又另外借了2000元给弟弟。

调理好家务事，安顿好母亲，回到家里后，妻子委屈而伤心地与他大吵了一通：娥国，你为什么背着我借钱给他？难道是怕我舍不得借？我是那种小气吝啬的人吗？

结婚几十年，我涂荔花图了你邱家什么？一床16斤的棉被，就把我娶到你们邱家，我抱怨过什么吗？

你妈跟着我们过了二十多年，你几个弟弟半分钱不给，我说过什么吗？家里有好吃好穿的，我都先让着她；后来，她不愿意住6楼，吵着要回乡下去，我不是每个月都给她寄去100元生活费吗？

你五弟小娥家困难，我也是有钱给钱，有物给物，什么时候吝啬过半分？

可你倒好，背着我借钱给兄弟，连我也不相信了，咱们这夫妻做得还有什么意思……

她越说越委屈，越说越伤心，只字不听邱娥国的解释，阴沉着脸，再也不理他了。

见荔花头次生这么大的气，娥国心里真害怕，解释她不听，赔礼她不睬，怎样才能让她消气呢？邱娥国好不为难。

想了一会儿，憨厚而机灵的娥国顿生一计，他寸步不离妻子，一会儿扯起脖子学公鸡叫，一会儿又捏着鼻子学猫叫。

已赌了两天气的荔花，听了娥国的解释赔礼后，心里的气已消了一半。这会儿，见年近 50 岁的他，竟像个淘气的孩子似的，终于绷不住脸，"扑哧"笑了出来："看你这样子，还越活越小了。"

见妻子脸上绽出笑容，娥国心里顿时一块石头落地，他顺势搂住妻子，咧嘴笑道："你要是还生气不理我，我还会变得更小，要你天天抱着我……"

一场家庭战火，便在夫妻俩的娇嗔嬉闹中平息了。

从此，他们夫妻的心贴得更近，邱家的天空也愈发晴朗明媚了。

➔ "阎王"爸爸

★★★★★

在家里，邱娥国是个标准的"爱妻牌"丈夫，但在儿子军峰、军钢面前，娥国却是一个令人生畏的严父。

也许是从小就分离的缘故，也许是一种正如

弗洛伊德所说的恋母情结，军峰、军钢对母亲多了一分亲昵、随便，而对父亲，则多了一分生疏和敬畏。

军钢从小体壮，与小伙伴玩起"拍画片"游戏来，百分百赢，自称是常胜将军。为这事，他不知挨了母亲多少怨："瞧、瞧，这身衣服昨天才换的，就脏成这样。还有这手，黑得就像挖煤的人，整天就知道玩、玩、玩，不好好学习，将来长大了怎么办？"

父亲呢，则黑虎着脸，把他书包里赢的一大摞"战利品"全部没收烧掉，要他把全部心思放在学习上。

第二天放学回来，军钢经不住小伙伴的邀请，放下书包，撅起屁股跪在地上，又开始"拍画片"的比赛。

不一会儿，他赢的画片，把书包都塞得鼓鼓囊囊的。

正赢得起劲时，邻居打趣地喊了声："军钢，你家'阎王'来了！"

军钢吓得把书包里的画片全部掏出给小伙伴："给，我不玩了。"

然后慌慌张张开门进屋，拿出书本，装模作样地看了起来。

由于他太贪玩，数学没考及格，老师要求考卷必须由家长审阅签字。

娥国给两个儿子定的成绩标准是，不能低于 90 分。这回没考及格，父亲准饶不了他。

挨到第三天，小军钢还不敢把卷子交给父亲签字。可今天是老师限期交考卷的最后一天，再没爸爸的签字，怎么过老师那一关呢？

军钢把自己的苦衷向哥哥军峰说了。军峰很同情弟弟的处境，便说："我来帮你签字。"

于是，这两个小鬼头凑在一起，干出这桩弄虚作假的事来。

卷子交上去后，老师发现了其中的破绽，便叫了邱娥国去学校。娥国一看考试卷上的得分和那歪歪扭扭的签名，便火了。

平生，他最恨的就是作假、欺骗、偷窃行为，尤其是对两个儿子，从小他就很注意对他们进行思想品德教育。

有一次，他发现军钢买了许多新画片，便追问钱是哪儿来的。

因军钢的小姨住在他们家，平日军钢常会找小姨要点零花钱用。娥国知道后，不仅严厉地批评他，还再三告诫小姨，不许再给军钢零花钱了。

这些新画片，是他昨天找小姨要了5元钱买的，要是说出来，爸爸准得生气。

邱娥国见儿子支支吾吾不肯说，顿时急了："这钱是偷谁的？快说！"

"不，我才没偷哩！是小姨给的。"军钢这才说了实话。

邱娥国还不放心，问过小姨，验证此事后才作罢。

为了考验两个儿子的品质，他经常故意丢5角、1元钱在地上，儿子们捡到后，都能如数地交给妈妈、爸爸，从没私自拿去花掉。

有时，娥国领了工资，就放在抽屉里，不上锁，也从未发现钱少了的事。

在钱财方面，军峰、军钢拾金不昧、不偷不贪的品质，很令娥国满意。

但没想到，在学习上，军钢竟敢弄虚作假欺骗老师。

娥国怒气冲冲地回到家里，拿出试卷往军钢面前一摆："说，这字是谁签的？"

军钢望着父亲阴沉发黑的脸，胆怯道："是……

是我签的。"

"谁叫你签的？"

"是……是哥哥帮我签的。"

"什么？你俩竟然串通一气作案，好大的胆！军峰过来，两人一起跪洗衣板！"娥国喝道。

一向文静听话的军峰吓得浑身发抖，老老实实从门后拿出一块洗衣板，和弟弟一起跪下。

"低下头，把屁股翘起来！"娥国吩咐后，抬起蒲扇般的大巴掌，狠狠朝两个儿子的屁股上打去。

这一顿好打，把两个儿子的屁股打得青紫，两人哭得连嗓子都哑了。

奶奶心疼地一边用热毛巾敷他俩的屁股蛋，一边流泪诉说娥国的不是："不就是签个字吗？有什么大不了的事，犯得着这么打吗？"

娥国见了，也心疼不已，但嘴上还是说道："妈，小洞不补，大洞吃苦。他们从小不把这些骗人的恶习改掉，将来长大了就会犯罪的。"

事后，他又叫过来两兄弟，告诫道："军钢，你学习成绩不理想，这不要紧，多花点时间，就能够补上去。可思想品德、行为习惯搞坏了，那就会出大毛病，会害你一辈子的。"

邱娥国如此严厉地管教儿子，儿子们自然视他为"阎王"。

但随着年龄的增长，军峰和军钢渐渐懂事，开始理解父亲望子成龙的一片苦心了。

军峰当兵临行前的晚上，邱娥国第一次与儿子同床共枕，整整交谈了一晚上。

至今，军峰谈起那晚的情景，还泪花闪烁："是父亲教会了我为人处事的道理。从他身上，我看到了一个老转业军人的崇高品质。我很感谢父亲对我们从小严厉的管教，可以说，没有父亲的严格要求，也就没有我今天的这种进步。"

在首批入伍的88名战士中,军峰是第一个入党的。1990年,他又由优秀班长推荐考入武警南昌消防指挥学校,并两次荣立三等功。年仅24岁的他,现在已是一位上尉警官了。

而从小贪玩、挨打最多的军钢,在谈到当兵爸爸送他的那一幕时,极动情地说:

"那天走时,爸爸、妈妈都到车站来送我,我坐在靠窗边的位置,看到妈妈在车下抹眼泪,我还无动于衷。因为能当上兵,我太高兴了,我也太想见识见识外面的世界,所以对离开家、离开父母,我一点也不感到难过。

"突然,我的目光与爸爸泪光闪烁的眼神相撞了,我心一震:这,可是我第一次看见父亲流眼泪。顿时,我心里也一阵酸楚,爸爸也察觉到自己的失态,忙转过身,装作去买雪碧。

"好半天,他才转过身来,把那瓶雪碧递给我,说:'军钢,带着路上喝。记住,到了部队,要常写信来,我和妈最惦记的就是你……'说着,他的声音哽咽了。我鼻子一酸,强忍住眼中的泪,对身边的战友道:'来,我们换个座位吧。'

"我忙换了一个里面的位子,好半天,都不敢转过身来看父亲一眼,我怕他看到我一脸的眼泪,更怕看到他眼中的泪。过去,我一直以为父亲是个很严肃很坚强的男人,但没想到,父亲还是个非常重感情的人。"

现在，军钢复员了，分配在江西省高等级公路管理局，当质检车驾驶员。

他回来的第一天，爸爸便召开了家庭会，坦言道："你们年纪也不小了，到了恋爱、结婚的年龄。我和你妈，因家里穷，只读到小学毕业，所以，我和你妈都希望你俩能找个有文化的女朋友，这样，你们下一代人的素质，就会比我们这一代强多了。当然，我们不会干涉你们的恋爱婚姻，但我必须提醒你们，找对象一定要谨慎，要重人品，而不仅仅是看外貌。认准了就谈，不能东谈一个、西谈一个，更不能因恋爱而影响工作。"

军钢交了个一头秀发飘逸的女朋友。她性格开朗活泼，特别爱出去游玩，因而，军钢下班后，就把车子开到女朋友家，带她一块儿开车出去兜风。

邱娥国知道此事后，望着人高马大的儿子，毫不留情地训斥道："你怎么能开公家车去兜风玩呢？你还像个共产党员吗？要玩，明天你两人骑着自行车去兜风玩，不许揩公家半点油。"

有段时间，军钢忙于约会，对车子擦洗保养比较马虎。邱娥国看到后，就批评他说："驾驶员爱护汽车，就得像爱护自己的眼睛一样，不能有半点马虎。"

从此，军钢对自己开的汽车不敢有半点怠慢，每次出车回来，都把它擦得油光锃亮。

说起爸爸对他的严格要求，军钢顽皮地伸伸舌头，说："这就叫'阎王'爸爸发话，'小鬼'儿子不敢不听啊！"

→ "不合格"的伯伯

☆☆☆☆☆

邱娥国在家里，是个贤夫严父；在单位上，是个优秀的民警；在孤寡老人中，是个比亲人还亲的干儿子；在迷途儿童眼里，是个慈祥温和的民警大伯；在残疾特困的居民中，又是个救苦救难的大菩萨。

然而，唯独在他侄儿面前，他却是个最不合格的伯伯。

娥国兄弟六个，除了他以外，另外几个兄弟都在农村种田。

因家境贫寒，娥国最小的弟弟邱小娥从小在外流荡，后来在湖南当了上门女婿，生了三个孩子，日子过得极其困窘艰难。

一天，他媳妇心疼三个骨瘦如柴的孩子，就狠狠心，将瓦罐里积攒着准备换盐的三个鸡蛋拿出来，煮给三个孩子吃了。

这时，小娥从外面回来，见此，便埋怨她不该大手大脚地过日子，把换盐的蛋煮给孩子们吃了。

小娥的妻子听了他的埋怨，很是委屈，加上这种穷日子过得太苦了，便喝农药寻了短见。

妻子死后，小娥一人拖着三个孩子，既当爹

又当妈，日子过得更加艰难。

实在没办法，小娥想到当民警的哥哥邱娥国。

他想，先让哥哥帮忙把孩子的户口落在南昌，自己再凭着哥哥的关系，找份工作养家糊口，这样总比穷死困死在乡下强啊。

抱着这个想法，他带着三个孩子，其中最大的7岁，最小的才3岁，坐火车来到了南昌。

因车上盒饭贵，小娥舍不得花钱买。但三个孩子饿得受不了，小娥只得叫老大、老二在出口处等，他带着老小就到附近商店买了几块饼，先给他们充充饥。

但买饼回来一看，两个孩子不知去向了。

小娥急坏了，又拉着老三去找老大、老二。

找到了老大、老二，老三却又不知跑到哪里去了。他急得两眼冒金星，发了疯似的四处寻找，可怎么也找不到。小娥只好带着老大、老二来到邱娥国家。

看到衣衫褴褛、拖儿带女含泪站在门口的小娥，邱娥国心头一阵阵酸楚。问明情况后，他也忙着帮弟弟去寻找小侄儿。

直到十几天后，娥国和弟弟才在一家饭馆里找到正在讨饭的小侄子。

看着小侄子蓬头垢面的可怜模样，三人不由得抱在一起，号啕大哭起来。

回到家里，小娥和三个孩子又一起抱头痛哭。娥国一家人，也在一边流泪。

哭完后，小娥便向哥哥恳求，希望能解决三个孩子的户口。

然而没想到的是，一向关心他的哥哥一口拒绝道：

"不行，你孩子的条件不符合'农转非'政策，是不能转的。"

"可我听人说，你帮了好多外人解决了户口问题，为什么你就不帮帮你的亲弟弟呢？"

"帮亲弟弟，也得讲党的政策和原则啊。我是户籍警，党和人民确实是给了我权力，但我没有徇私舞弊、滥用职权的权利。"

　　听了这话，小娥知道孩子转户口的事是没有希望了。于是，便带着三个孩子，怏怏地回进贤乡下了。

　　80多岁的老母闻知此事后，颤颤巍巍地从进贤乡下坐车来到南昌，用近乎哀求的口吻对老邱说："娥国啊，小娥从小送人，从来没过上什么好日子，现在又落到这步田地，我也无能为力。你当哥哥的，无论如何也要帮他一把，就算我当娘的求你了。"

　　娥国望着白发苍苍的老母亲，不由得心头一软：为了儿女们，她已辛勤操劳了一辈子，到了晚年，还在为儿子的事颠簸操心。因此，他违心地答应了母亲，要给小娥的孩子帮忙。

　　母亲高高兴兴地走了，娥国的心里，却像压着一块重磨，沉甸甸的。

　　平生，他最厌恶的是说假话，可现在，对白发苍苍的老母亲，他第一次违心地说了假话。

　　几天来，他一直为自己说了假话而感到内疚。为了减轻自己的内疚，他每月从工资里拿出一部分来接济小娥一家人的生活。

　　小娥家里，大到柜子碗橱，小到锅碗瓢勺，都是娥国送的。

　　娥国的孩子大了，家里没有小孩穿的衣服，他就硬着头皮向周围的同事讨要他们不用的童装，给小娥的孩子穿。

派出所有一个同事，准备将一箱子孩子穿不得的旧衣服送给老家亲戚，闻知娥国兄弟的情况后，马上改变主意，全部送给了他。

小娥得知这一切后，流着泪自责道："二哥都是为了我，才做这种乞讨要东西的事，我……我是太对不起他了……"

娥国呢，也时时处在亲情、党性的矛盾折磨中。

他是个非常讲孝道、重亲情的人，母亲在他家生活了二十多年，他和妻子尽心照顾、侍奉着她。

有一次，母亲在闲谈中，说看见别的老人穿香云纱短袖衣既凉快又好洗，言语中流露出很羡慕的神情。

娥国当即和妻子商量，给母亲买块香云纱来。

那时，他们住在无线电元件厂的宿舍里，去商店得走三里多路。

等娥国满头大汗赶到商店时，突然忘记这布的名称。

他只好尴尬地对营业员说：是给老太太做短袖的黑布。

于是，营业员搬出一摞摞黑洋布、黑棉绸、黑竹布来。

娥国看后，摇摇头说："不是的，我要的布一面是黑色、一面是棕色的，摸上去，滑溜溜的。"

他这么一说，营业员马上明白过来，又从里面的库房里搬出一匹香云纱来："是这个吧，它叫香云纱，刚到的货，价钱好贵。"

娥国一看上面的价格表，是其他布的几倍，但他还是咬咬牙说："给我扯做两件短袖的布料。"

回来后，母亲摸着这滑溜溜的布料，既高兴又心疼地说："这布好贵哩，做一件就够了，扯这么多，要花好多钱的。"

他摆摆手说："做两件好，有个换洗的嘛。"

娥国不仅对自己的母亲细心周到，对岳父，比他儿子还孝顺。

他岳父脚上有个鸡眼，一走路就痛，每次娥国到岳父家，就端水帮他洗脚、挑鸡眼。他挑得仔细而认真，每次挑完，岳父都感到脚上很舒服。

1988 年，岳父不慎摔了一跤，导致半身不遂。娥国专门为他做了一条木板凳，中间挖个半圆，便于岳父能坐着大小便。

对长者，他是如此细心周到；对兄弟间的求助，他也是尽自己所能，有钱拿钱，有物拿物。

唯独在处理"农转非"的问题上，他无法因亲情而违背党性原则。他爱手足相依的弟弟，但他更爱护"共产党员"这个光荣称号，所以，他只能做个"不合格"的伯伯了。

→ "有这个二伯跟没有一样"

☆☆☆☆☆

如果说，在五弟、母亲面前，娥国因自己的无能为力而愧疚自责的话，那么，在侄子邱春峰的不满中，娥国则感到了难言的委屈和辛酸。

春峰是娥国四弟的儿子，人长得高高大大的，也是邱娥国最喜欢的一个侄子。

1987 年，他到南昌，跟一个水果店老板学做水果生意。

因他机灵好学，三年下来不仅摸清了水果的批发进货行情，对各类水果的质量品种，也一目了然。例如，一个橘子捏在他手中，他马上就能准确无误地说出它的产地、品种和味道来。因而，老板对他很是器重。

但生性不安分的春峰，却想自己单干做老板。

当时，娥国便劝说他，南昌情况很复杂，你单枪匹马地出去闯，会遇到很多麻烦的，不如到老板手下再干几年，积累了一些资本和经验，再出来单干也不迟。

但春峰不听，瞒着娥国买来三轮车，硬是自己干了起来。

尽管他对水果生意很在行，但对南昌市区的地形、人员状况等等，却一无所知。

他第一次推着水果上街叫卖，便被交警扣住车辆，说他是违反交通规定，乱在大街上摆摊设点。

这桩事刚解决，春峰推的水果车又被税务局扣压了。原来，为了偷税，他没办理营业执照。

经过几番折腾，这侄儿仍不思改过，做一个安分守己的生意人，而是挖空心思，又在秤盘上做手脚。结果，又因缺斤少两之事，被工商局处罚了。

娥国知道这一切后，狠狠批评了他一通。

他也尝到了单干的苦处，知道老板梦不是那么好做的。

于是，他又求娥国向原先的老板说情，让他回去做事。

为了他，娥国只得又低下头，跟老板求情，希望让他的侄儿再回来。这老板很是敬重娥国的为人，所以很爽快地答应了娥国的请求。

他侄儿又重新回到水果店工作了，每月能领到五六百元工资。

后来。侄儿又向娥国提出，帮他解决一个南昌户口。

娥国便摇头道："这个事，二伯就无能为力了。"

"为什么？你不是帮那么多人解决了户口吗？为什么就不能帮帮你的亲侄子？"侄子好不委屈地说。

娥国只得耐心向他解释："他们符合政策条件。你不符合，我怎么能办呢？"

"政策是死的，可人是活的呀！你再求求人，帮我变通一下嘛。"

"不，这是违反原则的大事。这个忙，我不能帮！"

"算啦，如今我是看透了，有这个二伯跟没有一样！"侄儿回家跟大人这样抱怨。

从此，他见二伯，就像是陌生人一样，请他去家里吃饭，他也不去，就连娥国大儿子结婚的喜宴，他也没有参加。

对此，娥国气得半天说不出话来。平心而论，他对这个侄儿，就像对自己的儿子一样。这些年来，他为侄儿付出的还算少吗？

他说家乡苦，要来南昌学做生意，是娥国带他出来，介绍到水果店老板那里做事的。怕他刚来不习惯，三天两头，娥国都会去水果店看看他，帮他解决一些生活上的困难。

家里做了好吃的，逢年过节休息日，娥国总是把他叫到家里，让他感受到家的温暖，以排解他独在异乡的寂寞飘零之感。

可以说，对这个侄儿，他已是尽心尽力了，无微不至地关心帮助了。

可他得到的又是什么呢？是侄儿的不理解，亲兄弟的指责和埋怨。

为此，他委屈伤心，但他也坦荡无愧。因为，他坚信，只有这样做才对得起自己的良心，对得起"共产党员"的光荣称号。

⊙→ 家是事业的"后方"

★★★★★

邱娥国有段家庭与事业关系的理论：家，是事业的"后方"，是社会的一个小"窗口"，不正确处理好家庭关系，没有坚固的"后方"支撑，事业就会受到影响，就干不好工作。

对家充满了温情，对群众就会充满真情。知道柴米油盐，才能真正了解民情；知道群众的喜怒哀乐，才能设身处地为群众着想，才能更好地为人民服务。

所以，熟知他的人，都羡慕他有一个非常美满幸福的家庭。

而他呢，每每谈及自己的家庭时，总是笑得两眼眯成了一条缝："在我家里，妻是贤的，夫是良的，儿子和媳妇也个个是棒的！"

邱娥国是 1966 年在部队入的党。妻子涂荔花，在南昌无线电元件厂工作，中共党员；长子邱军峰，南昌武警消防支队三中队队长，中共党员；长媳刘志娟，在西湖区教委工作，中共党员；次子邱军钢，在省高等级公路管理局工作，中共党员；未婚儿媳熊玉菲，在南昌工商银行储蓄所工作，中共党员。

——邱娥国一家，是个不折不扣的党员之家。

军峰新婚的第三天，便被部队催回，参加指挥救火工作。美丽娇柔的新娘，心里惦着救火的丈夫，一时没了主意，一人守在空荡寂寞的新房里暗自垂泪。

这时，涂荔花闻讯，特意来看望这个刚过门的新媳妇。见她这样，荔花也深有感触地说："看来，我们邱家女人守空房，要代代相传了。志娟，你现在成了军人的妻子，就要坚强些勇敢些，眼泪会扰乱峰儿军心的。"

随着婆婆的一番开导劝慰，新媳妇收住了泪，并表示一定要支持军峰的工作，决不拖后腿。

荔花见此，这才放心地回去了。

在邱家，娥国与孩子们是父子关系，又是平等的同志关系。

每周，他们都要召开一次家庭会，交流一周来的工作和学习情况。

1996 年 7 月，西湖区授予邱娥国"优秀党员"的称号。授奖会结束后，老邱便拿着 500 元奖金，召开家庭会，讨论这笔钱的用途。

军峰说："奶奶年纪大了，身体又不太好，这钱给她买保暖的衣服穿吧。"

军钢则道："哥，你不是要结婚了吗？前天你还说缺钱买东西，这不正好拿去用嘛。"

老邱则摇摇头说："不，去年我们已经给奶奶添置了一套新棉衣，我看，就不要再重新买了。军峰嘛，婚事应该从简，不要大操大办，跟别人去攀比。"

军峰点头说："是呀，我们结婚还有一段时间，我和志娟会量力而行的，请爸爸妈妈不要为我们的事操心。"他歪着头想了想，又说："对了，这钱就捐给希望工程吧，让更多的失学孩子能念上书。"

军钢赶紧点头说："对，我看也该捐给希望工程。"

娥国和荔花听了，目光相碰，露出了会意的一笑。

第二天，娥国就将这 500 元奖金，捐给了西湖区的希望工程。

的确，邱娥国家充满了和谐、民主的气氛。他从不搞一言堂、家长制。他善于处理家庭问题，所以一家人个个都支持他的工作。

也正是缘于他在家庭里蓄满了爱，才使得他愿把这份真切的爱，辐射延伸，献给每一个需要他关心帮助的人。

后　记

好雨知时节　逢春乃发生

16 年前的今天——1996 年岁尾，我们在学习邱娥国的热潮中走进邱娥国。在筷子巷与广外街，在邱娥国的家庭里，我们感受到一个平凡人物的生命的律动。

我们已历经曲折，这注定了大话、空话、套话的渐趋式微。中国百姓比以往任何时候都更警惕也更厌恶虚幻不实的说教。然而，倒洗澡水不能将婴孩一道倒掉。在市场经济提携出一个古老民族勃勃生机的同时，思想与情感的惊惶与失范，正成为社会关注的热点。

邱娥国就是在这样的历史背景下，走向前台的。

邱娥国产生的诸种现实与历史条件，还有待时日去阐释，但他无疑标出了一个时代的精神高度。

为此，我们很乐意暂时放弃各自繁重的工作，把一个鲜活的人物以及产生这个人物的精神土壤和盘端出，奉献给亲爱的读者。

我们力图运用报告文学、抒情散文以及故事的多种表现方式，使人民的好警察《邱娥国》具有如同主人公一样深厚的内涵和容易亲近的特征。

我们努力过，因为时间太紧，不免舛错甚多，愿聆教正。

"日华川上动，风光草际浮。"借此机会，感谢诸多为邱娥国精神走向全国做出过积极贡献的人们！

/**100**位

新中国成立以来感动中国人物 /

丁晓兵　马万水　马永顺　马恒昌　马海德　中国女排五连冠群体

孔祥瑞　孔繁森　文花枝　方永刚　方红霄　毛岸英

王　杰　王　选　王　瑛　王乐义　王有德　王启民

王进喜　王顺友　邓平寿　邓建军　邓稼先　丛　飞

包起帆　史光柱　史来贺　叶　欣　甘远志　申纪兰

白芳礼　任长霞　刘文学　刘英俊　华罗庚　向秀丽

廷·巴特尔　许振超　达吾提·阿西木　邢燕子　吴大观

吴仁宝　吴天祥　吴金印　吴登云　宋鱼水　张　华

张云泉　张秉贵　张海迪　时传祥　李四光　李春燕

李桂林和陆建芬夫妇　李素芝　李梦桃　李登海　杨利伟

杨怀远　杨根思　苏　宁　谷文昌　邰丽华　邱少云

邱光华　邱娥国　陈景润　麦贤得　孟　泰　孟二冬

林　浩　林巧稚　林秀贞　欧阳海　罗映珍　罗健夫

罗盛教　草原英雄小姐妹　赵梦桃　钟南山　唐山十三农民

容国团　徐　虎　秦文贵　袁隆平　钱学森　常香玉

黄继光　彭加木　焦裕禄　蒋筑英　谢延信　韩素云

窦铁成　赖　宁　雷　锋　谭　彦　谭千秋　谭竹青

樊锦诗

图书在版编目（CIP）数据

邱娥国 / 南翔，郑云云，严丽霞著. -- 长春 ：吉
林文史出版社，2012.7（2022.4重印）
（100位新中国成立以来感动中国人物）
ISBN 978-7-5472-1142-7

Ⅰ. ①邱… Ⅱ. ①南… ②郑… ③严… Ⅲ. ①邱娥国
－生平事迹－青年读物②邱娥国－生平事迹－少年读物
Ⅳ. ①K828.2-49

中国版本图书馆CIP数据核字(2012)第171707号

邱娥国

QIUEGUO

著/ 南翔 郑云云 严丽霞

选题策划/ 王尔立　责任编辑/ 王尔立 李洁华 马华 任玉茗

装帧设计/ 韩璘

出版发行/ 吉林文史出版社

地址/ 长春市福祉大路5788号　邮编/ 130118

电话/ 0431-81629363　传真/ 0431-86037589

印刷/ 天津海德伟业印务有限公司

版次/ 2012年8月第1版 2022年4月第4次印刷

开本/ 640mm×920mm　1/16

印张/ 9 字数/ 100千

书号/ ISBN 978-7-5472-1142-7

定价/ 29.80元